武

国家出版基金项目
NATIONAL PUBLICATION FOUNDATION

郑跃峰 主编 / 梁继红 动作示范

武术中国

少林阴手棍

梁继红 编著

中原出版传媒集团
中原传媒股份公司

河南电子音像出版社
· 郑州 ·

图书在版编目（CIP）数据

少林阴手棍 / 梁继红编著 . — 郑州 : 河南电子音像出版社，2021.11
（武术中国）
ISBN 978-7-83009-439-3

Ⅰ . ①少… Ⅱ . ①梁… Ⅲ . ①棍术（武术）—基本知识—中国 Ⅳ . ① G852.25

中国版本图书馆 CIP 数据核字 (2021) 第 202555 号

少林阴手棍

梁继红 编著

出 版 人：温新豪　　选题策划：郭笑丹
责任编辑：贾大伟　　责任校对：李晓杰
装帧设计：刘运来工作室　　造型设计：赵雨琪
摄　　像：林伟峰　徐瑞勋　　视频后期：范丽娜　李沃桐　韩小枝
录　　音：胡　辉　王　珅　　美　　工：张　勇　李景云　郭　宾

出版发行：河南电子音像出版社
地　　址：郑州市郑东新区祥盛街 27 号
邮政编码：450016
经　　销：全国新华书店
印　　刷：新乡市豫北印务有限公司
开　　本：787 mm×1092 mm　1/16
印　　张：8 印张
字　　数：119 千字
版　　次：2021 年 11 月第 1 版
印　　次：2021 年 11 月第 1 次印刷
定　　价：56.00 元

总序

吴彬

中国武术研究院专家委员会委员
国家级武术教练
享受国务院政府特殊津贴专家
中国武术九段
国际武术联合会技术委员会原主任
亚洲武术联合会技术委员会主任
中国武术协会副主席
北京武术院院长

文化是民族的血脉，是人民的精神家园。中华文化独一无二的理念、智慧、气度、神韵，增添了中国人民内心深处的自信和自豪。中华武术是中华传统文化中的重要部分，是弘扬中华文明的重要渠道。说起武术，就不能不提河南，少林和太极，那是享誉全球！

党的十八大以来，以习近平同志为核心的党中央高度重视、关心体育工作，将全民健身上升为“健康中国战略”，推动了全民健身和全民健康深度融合。2017 年 8 月在天津举办的第十三届全运会即将开幕之际，习近平总书记在会见全国体育先进单位和先进个人代表等时强调，加快建设体育强国，就要坚持以人民为中心的思想，把人民作为发展体育事业的主体，把满足人民健身需求、促进人的全面发展作为体育工作的出发点和落脚点，落实全民健身国家战略，不断提高人民健康水平。

河南电子音像出版社出版的这套“武术中国”系列图书自立项以来，就以起点高、形式新等诸多优点，受到广泛关注，并于 2016 年入选“十三五”国家重点图书、音像、电子出版物出版规划，2019 年入选国家出版基金项目。

“武术中国”系列图书底蕴深厚、权威性高，又贴近读者，实操性强。它不仅仅挖掘、整理了我国优秀传统武术文化，而且着力突出武术这一传统文化在健身、提高全民素质上的重要意义，引导读者从健康、健身的视角看待和尝试中国传统武术。这套丛书的作者大多是我国武术界的著名老师，如朱天才、梁以全、曾乃梁等。这套丛书还首创了积木式教学、动作加呼吸的高阶健身方式，以及在传统武术中融入中国古典音乐、书法等元素符号，提高了读者阅读兴趣和出版物品位。所谓积木式教学，就是把教学单元分解为每一个动作对应一个视频，比如陈氏太极拳老架一路有 74 个动作，积木式教学就是把教学分解为 74 个教学单元，读者掌握单个动作后可自主进行套路学习。书中每个教学动作之后附有二维码，读者通过手机扫描二维码可随时在线观看视频。这种方式的教学降低了读者的学习门槛，提升了他们的学习兴趣。

希望这套丛书的出版，能使广大读者深入了解、喜爱我们的民族瑰宝，开启新时代健康精彩的人生！

吴彬

前言

中国武术历史悠久，源远流长，少林功夫享誉全球，太极拳传遍天下。少林功夫、太极拳均发源于河南，形式多样、内容丰富、特点突出、风格独特，是中华文化的重要组成部分。它们因体系完整、技术精湛、社会用途广泛而享誉中外。

早期社会中的各类防守、攻击等形式，在中华文明发展过程中，逐步演化为少林、太极等强身健体的武术文化。随着中华文化在世界范围内的传播，武术文化逐渐走向世界。少林武术与太极拳在海外均有大批爱好者，其中有些爱好者不远万里来到中国，探访少林寺与陈家沟，拜师学艺，传播武术文化。

2020 年 12 月 17 日，联合国教科文组织保护非物质文化遗产政府间委员会会议宣布，将“太极拳”列入联合国教科文组织人类非物质文化遗产代表作名录。太极拳，正式成为世界非物质文化遗产的一分子，成为我国传统武术类非遗项目中唯一的人类非物质文化遗产，也是我国第 41 个列入联合国教科文组织非物质文化遗产名录的项目。

“大道之源，法式于地，取象于天。” 太极拳成功申遗，是太极文化乃至中国武术文化进一步走向世界的重要里程碑。太极拳蕴含和而不同的文化追求，淡化竞争、和睦相处的交往智慧，倡导互利共赢的价值观念，将在全球跨文化传播中发挥更加重要的作用。武术作为我国优秀传统文化，是文化自信的重要组成部分，也是中华文化“走出去”的重要内容。

河南电子音像出版社长期以来对武术文化的宣传和推广都十分关注，出版过大量的精品武术产品，以百集“中国民间武术经典”为代表，其在国内外发行之后，深受广大武术界人士的欢迎和好评。这次“武术中国”系列出版工程，以中国博大精深的武术文化为核心内容，邀请诸多武术名家从少林武术和太极拳以及其他拳种的历史演变、风格特点、文化特点、养生健体功效、传世歌诀、套路概述、拳术套路、器械套路等方面详细阐述，以此普及传统套路，挖掘稀有套路。

“武术中国”系列于 2016 年入选“十三五”国家重点图书、音像、电子出版物出版规划，2019 年获得国家出版基金扶持。这套丛书的出版发行，将有力促进中原武术文化的发展和繁荣，对传播、推广、弘扬我们的国粹，传承中华民族的优秀武术文化，起到巨大的作用。

需要指出的是，本套书中图片分解动作是对于入门者而言的基本动作，而视频演练者都是精熟于这些动作的武术行家，所以他们在演练时动作快速连贯、行云流水，从而有个别动作在力度、速度等方面与书中静止的图片分解动作稍有出入，待您长期反复地练习后，也能做到熟能生巧、灵活运用。

本丛书在编写过程中，得到中国武术协会副主席吴彬先生的大力支持，主编李惠女士、郑跃峰先生为丛书编写也付出了巨大努力，我们表示衷心感谢！参与丛书编纂的各位作者、演练示范者、编辑、校对等，参与视频、图片摄制的各位同仁，对于大家的辛苦付出，在此一并致谢！

编者

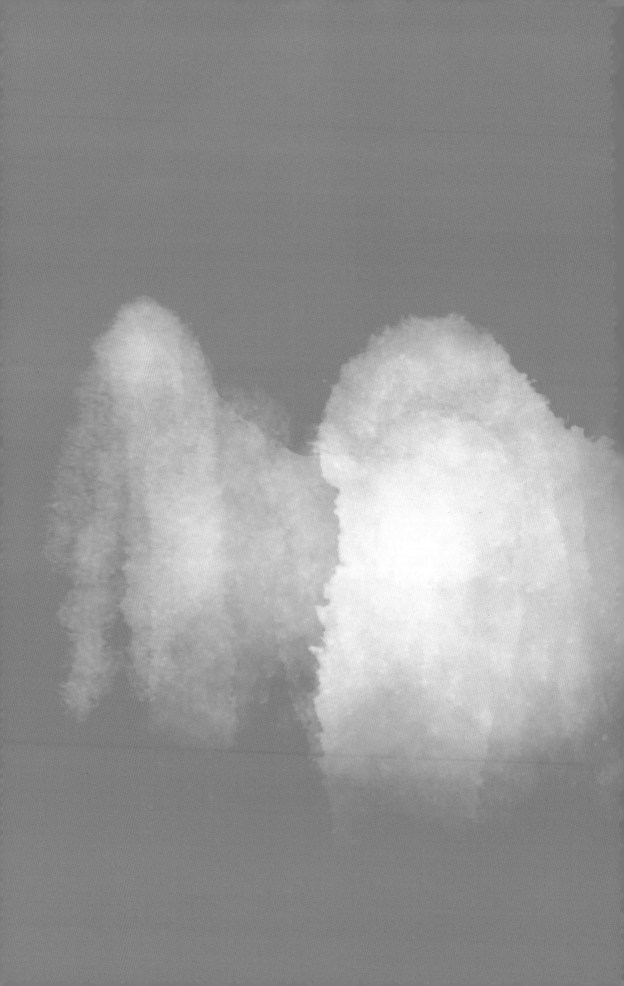

目录

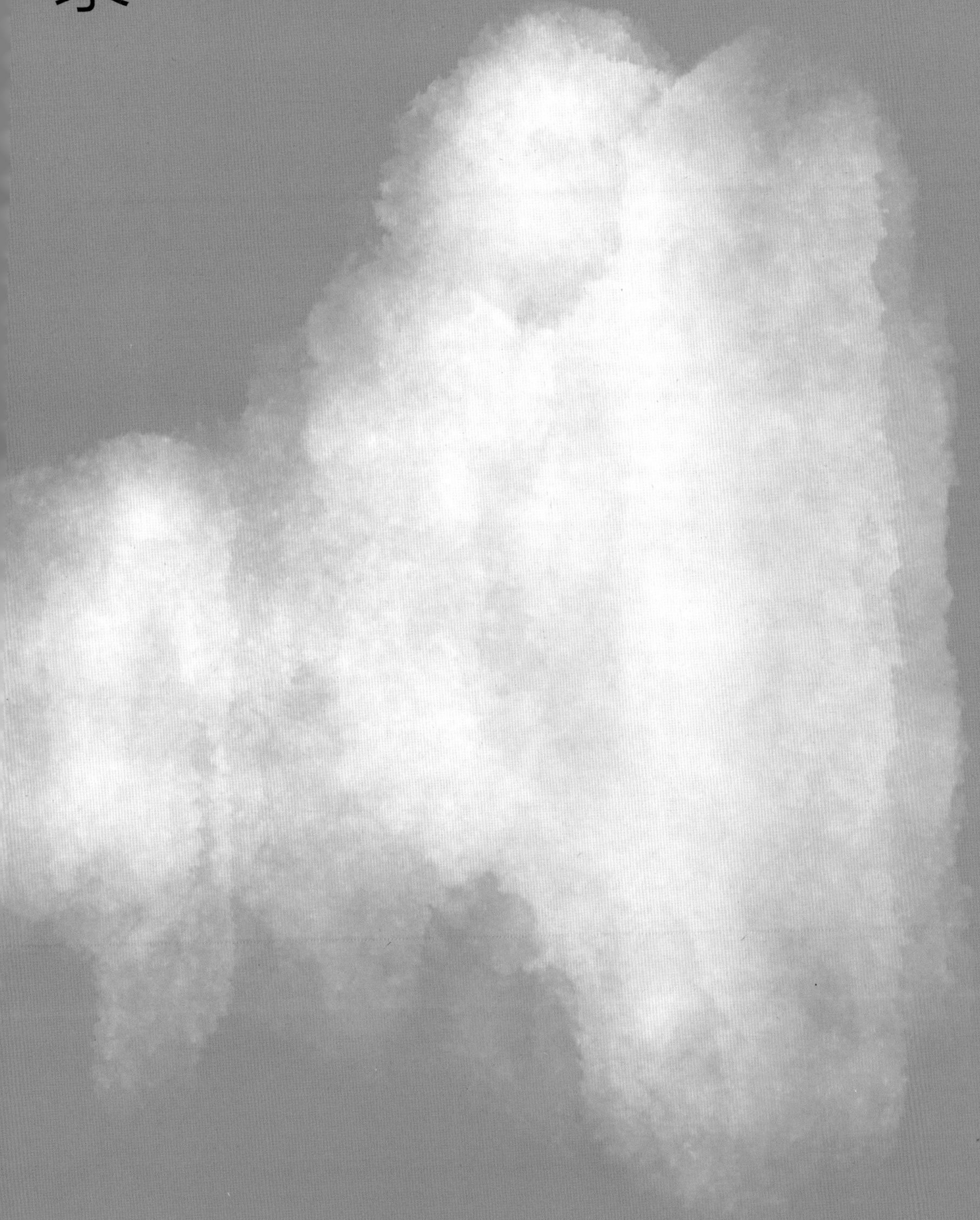

少林阴手棍

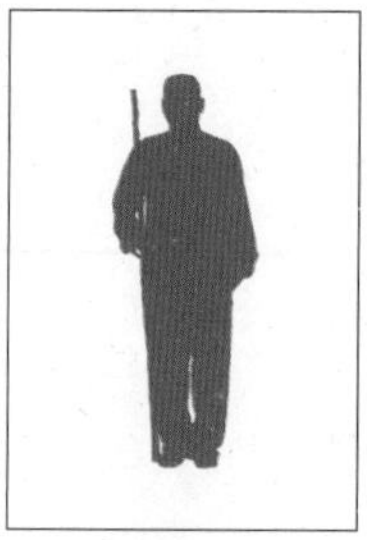

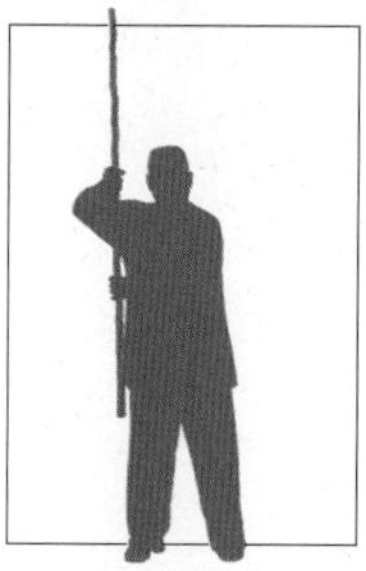

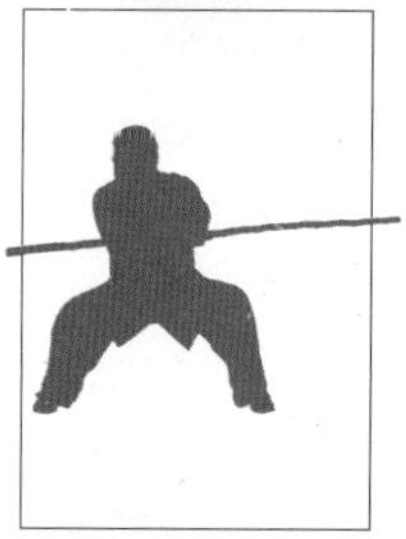

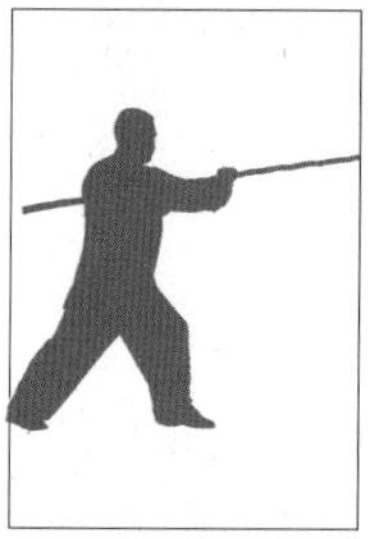

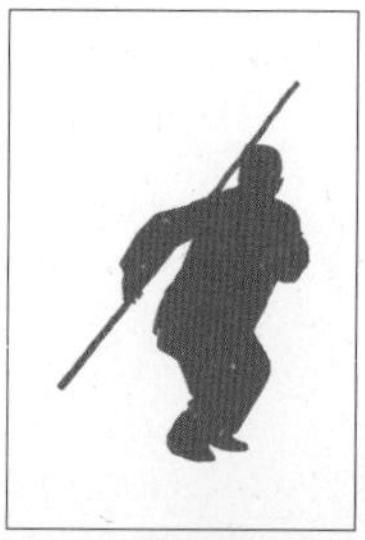

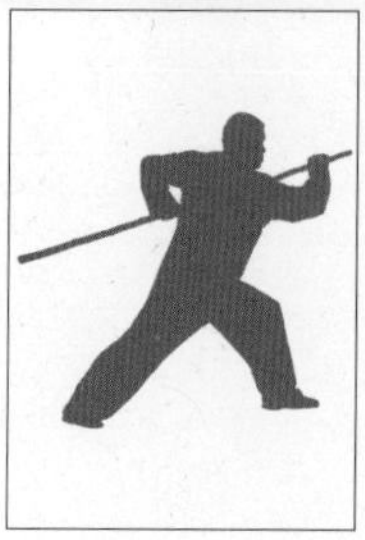

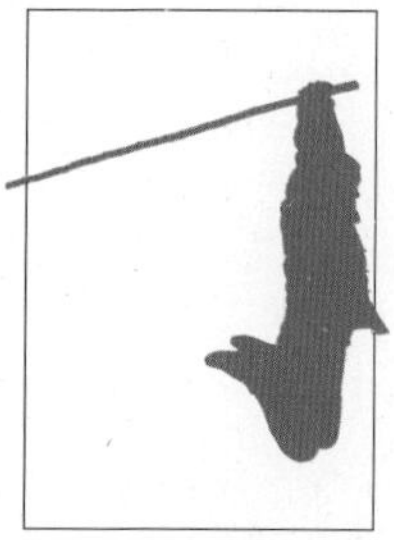

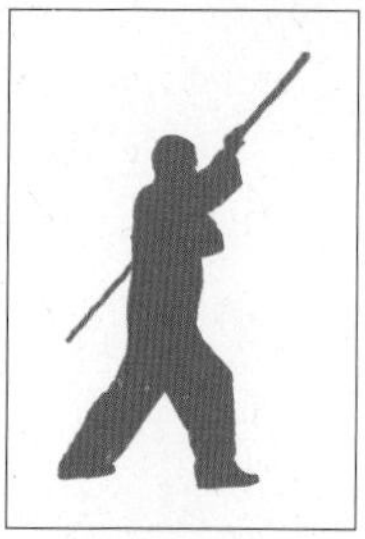

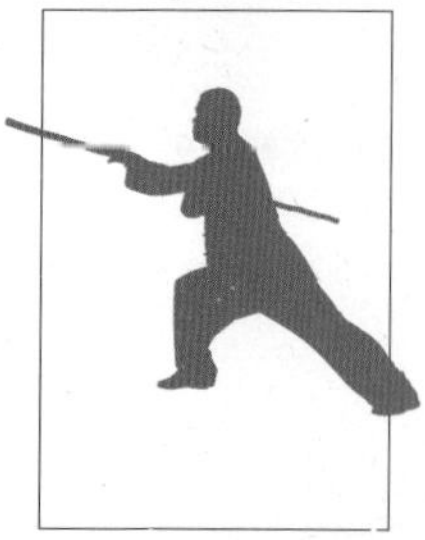

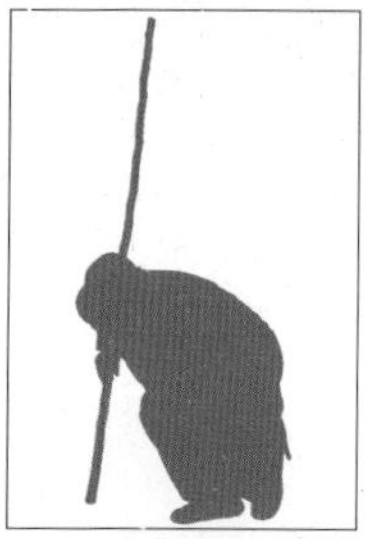

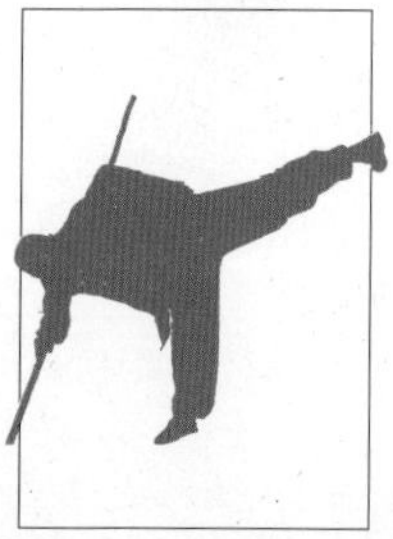

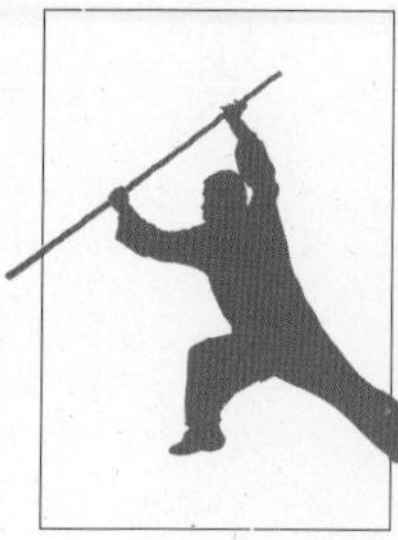

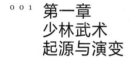

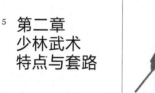

千秋少林	天人合一	拳以寺名	昼习经典	风格独特
万古宗门	山中道场	寺以拳显	夜演武略	体系完整

以武修禅，以武见性；以功立身，以德为人。

第一章
少林武术起源与演变

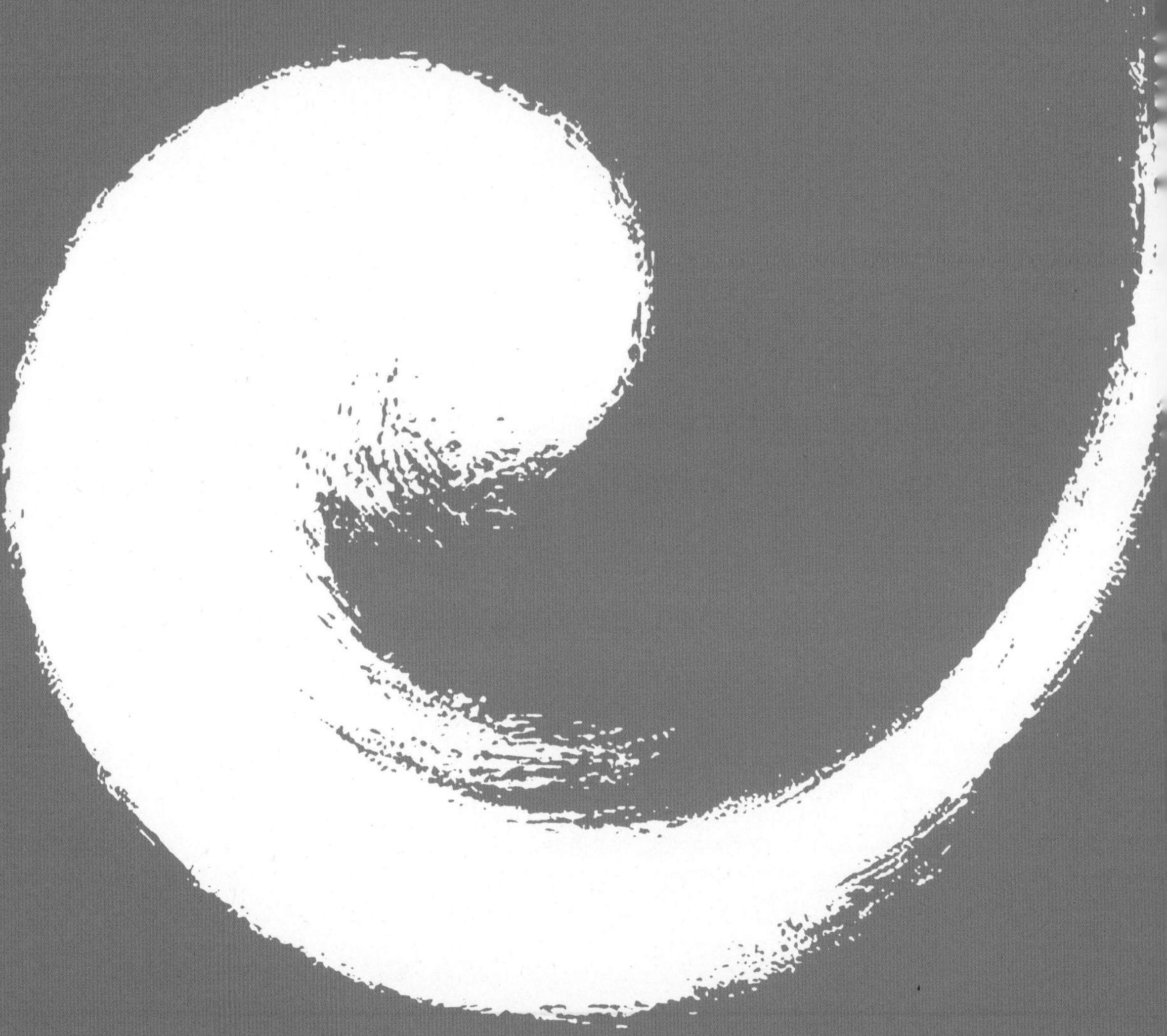

一、起源

少林武术博采众长、形式多样、内容丰富、特点突出、风格独特，是中华武术的重要组成部分。

武术起源于生产和劳动。原始人类以粗陋的原始木石工具，采集果实和猎取兽、鸟作为生活资料，同时也以这些原始工具作为抵御猛兽侵袭、与相邻部落斗争的兵器。这时的工具和兵器实为一体。

而这些原始器具的产生，使人类产生了最早的武术概念。如有了石斧，就产生了砍和劈的概念；有了棍，就产生了抡、击的概念；有了一端削尖的木棍，就形成了刺的概念。这些原始器具，正是后世某些兵器和武术意识产生的胚胎，正是这些原始的使用方法，孕育着武术兵械和格斗技术。

原始人类在宗教崇拜活动中，出现了人类模仿动物特长的行为，如模仿牛以角抵人，这种角力斗硬的“角抵”孕育了武术格斗的因素。

随着物质生产的发展和私有制的出现而产生的奴隶制国家，建立了用于攻守格斗的职业军队。青铜器的使用，促进了兵器的发展，出现了由原始镰刀而形成的“戈”、在木棍的一端加一铜箍而形成的“殳”等专用于格杀的兵器。奴隶主之间的掠杀和抵御，奴隶主与奴隶之间镇压和反抗的斗争，促进了兵器使用方法的发展和积累，角抵也由于斗力的发展出现了以奇巧取胜的方法。公元前1075年，出现了训练兵械击刺技能的具体方法。

可以说，不晚于西周奴隶社会末期，就已出现了构成武术基本因素的专用兵械及使用技术，以及徒手格斗技术。它们向着以格杀为唯一目的的途径发展，形成了独特的形制及攻防方法和训练手段，从而形成了武术的雏形。在此基础上，经过长期的演练和不断的发展，逐步形成了中华传统武术。

二、演变

少林武术起源于中华武术，是在广泛吸纳中华传统武术的基础上产生的，是中华武术大家庭的重要组成部分，是一个约定俗成的技术流派。北魏孝文帝太和十九年（495 年），孝文帝为了安置他敬仰的印度高僧跋陀而创建少林寺，少林武术便随之产生，并成为寺僧经常参与的一种业余健体活动。

在跋陀主持少林寺时，许多身怀武技者入寺为僧，跋陀的弟子

慧光、僧稠就是其中的代表人物。据南北朝梁初慧皎编著的《高僧传》载：跋陀在洛阳时，看见年仅 12 岁的慧光在天街井栏上反踢毽子，连踢 500 下，跋陀及围观者皆“异而观之”。在此危险的地方反踢毽子，可见慧光有高超的技艺，其中当含有武术的成分。跋陀看到慧光人小艺高，觉得是个奇才，于是把他带回少林寺，为他剃度收为弟子。

跋陀在少林寺传法时所收的另一个弟子僧稠，更是一位武功超群的僧人。唐代张鷟著的《朝野佥载》记述了僧稠及僧众习武的情况：“（僧稠）幼落发为沙弥时，辈甚众，每休暇，常角力腾踔为戏。而禅师以劣弱见凌，给侮殴击者相继，禅师羞之。”僧稠在角力格斗时，由于受会武功沙弥的殴击，于是开始发奋练功，最后练得“筋骨强劲”“拳捷骁武”“引重千钧”。他甚至能“横踏壁行”而“跃至梁首”。先前曾以武功欺侮他的僧人在观看了他的武功后“俯伏流汗”。相传，僧稠在王屋山见两虎争斗，竟用锡杖将二虎赶跑。这些关于僧稠习武的记述，虽然有些夸张，但他精于武功当是可信的。僧稠、慧光等一批懂武术者聚集于少林寺，说明寺院创立之后，中华传统武术已落迹少林寺。这为少林武术的形成奠定了基础。

少林寺创立之后，寺僧开始习武，除了展示本领外，还有一个很重要的目的就是适应自然环境。地处嵩山深处的少林寺，山势险峻，自然条件恶劣。为了生存，寺僧就必须有强健的体魄，因而习武健身成为寺僧必不可少的活动。同时，少林地区林木茂密，猛兽出没无常，这对少林僧众也构成了极大威胁。为了抵御猛兽的攻击，寺僧不得不通过习武来增强抗御猛兽的能力。

当然，在跋陀之后，禅宗僧徒在少林寺打坐参禅，时间长了难免身体困倦，有时起来活动筋骨或习武强身，这在一定程度上也推动了寺僧习武活动的开展。

僧众的习武活动，随着时间的推移，逐步走向深入。到隋末唐初，特定的历史条件，使少林寺僧以武著称于世。

隋王朝建立后，文帝颇重佛教，特赐少林寺田地百顷，从此少林寺成为拥有大量田产的大寺院，寺僧成了庄园主。隋朝末年，天下大乱，战争频起，加上饥荒，少林寺这个拥有庞大田产的庄园，成为由饥民组成的农民起义军攻取的对象。当时，强大的农民军曾一度攻入少林寺，把少林寺烧得只剩一座孤塔。在少林寺遭到攻击的情况下，习武的僧人自然不会袖手旁观，于是开始组织武僧反击，后来发展到训练僧兵武装，也曾有十三名武僧参与助秦王李世民平定郑王王世充的战争。

隋末唐初，王世充拥兵洛阳称帝，派其侄王仁则率重兵驻守少林寺地域柏谷庄，并侵占了少林寺大量田地。驻守在那里的少林武僧志操、昙宗、惠玚等十三名武僧因不满王仁则霸占其田地，于是率众一举生擒王仁则并献于唐军，为唐王朝平定王世充立下了赫赫战功。

唐太宗李世民即位后，对少林寺十三名武僧大加封赏，不仅使少林寺获得了很大的荣耀，同时也使少林武僧的武功名扬天下，少林寺被誉为天下第一名刹。正如明代傅梅在《过少林寺》诗中云："地从梁魏标灵异，僧自隋唐好武名。"武僧助唐受嘉奖的行动是对慈悲为怀的僧人以武来捍卫国家利益的充分肯定，大大促进了寺僧习武之风的形成。同时，随着大乘禅法"禁人为恶"主张的盛行，又为寺僧习武提供了理论依据。

唐初少林寺僧虽以武显于世，但并未形成少林武术体系，其原因是，当时少林寺僧所演习的武功仍属中国武术，没有形成特色鲜明的武术流派。

李世民赐封少林寺后，寺院备受唐王朝的重视，高宗李治、武则天等多次驾幸少林寺。但从初唐到盛唐，由于社会比较稳定，加之少林寺为佛门之地，所以这期间，有关少林寺的史册中未见记载寺僧习武情况。然而，少林寺僧的习武活动从未中断。"安史之乱"后，随着藩镇割据的形成，战端多起，少林寺僧习武活动又见于史册。

据《旧唐书》载，唐元和十年（815年），李师道因反对唐宪宗讨伐吴元济，密结武僧圆净反唐，并准备焚烧东都宫殿。后失密。留守东都的吕元膺调兵围剿，谋反者逃入嵩岳山棚，后被擒获，经审讯得知主谋为嵩山少林寺僧圆净。时圆净80岁，精武功，被捉时，官兵"使巨力者奋锤不能折其胫"。而圆净骂道："鼠子，斩人足犹不能，敢称健儿乎！"关于圆净反唐之事，由于唐王朝与少林寺关系甚密，故除《旧唐书》对此事有记述外，其他史志均未记载。少林武僧圆净反唐之事及圆净高超的武功，反映出唐初至中唐时期寺僧习武仍不间断。圆净反唐，还说明寺僧习武的显现，往往是与战争密切相关的。

中唐以后，随着禅宗祖庭地位的确立，少林寺成为禅学的中心，对禅宗祖庭的宣扬成为主流。自中唐到宋末，有关史志很少记述寺僧习武情况。直到宋末，寺僧习武活动又见于史册。据《宋史·范致虚传》载，徽宗时，河南尹范致虚以僧赵宗印充任宣抚司参议官，并节度军马，赵宗印把武僧组成一支军队去抗击金兵，僧兵名“尊胜队”。范致虚素与少林寺关系密切，曾立《面壁之塔》碑于少林寺，故赵宗印所组织的僧兵队伍当是以少林武僧为骨干。实际上，赵宗印统领的僧兵乃是唐代少林僧兵的延续。

《少林拳谱手抄本》载：“宋代方丈大和尚福居，德高望重，佛武医文皆通，名扬天涯海角，为增众僧武功，共邀十八家高手，汇聚少室，一则授艺于僧，二则各演其艺，择优互学，取长补短。宋太祖监寺，调遣诸州名将轮驻少林，一来授艺于僧，二来取僧所长。名将高怀德、高怀亮等几次参武少室。”

宋代是少林武术的兴旺时期，拳术增加至一百七十余套。如太祖长拳、韩通通臂、刘兴勾搂探手、温元短拳、马籍短打、孙恒猴拳、郑恩缠封、谭云滚漏手、燕青沾拿跌法、林冲鸳鸯脚、孟苏七势连拳、崔连窝里炮锤、王郎螳螂拳等。

据《少林寺志》载：觉远和尚为提高武技，千里寻师，拜会兰州李叟，李荐拜高手白玉峰，领其子四人同回少林寺，朝夕相处，李叟和白玉峰向觉远和众僧传拳、械、功、拿等。觉远刻苦演练，终获奇功，把罗汉十八手发展到七十余手，又立习武戒约十条，以严武规。后人把觉远尊为少林拳的中兴之祖。宋代的少林武术汇集八方英杰，广泛交流，录编成谱，从内容上看，仍属民间和军旅武术，未形成完整的具有鲜明特点的体系，但成为少林武术形成流派的基础。

此外，现今流传的清末抄本《少林拳法》称，北宋初年少林寺僧福居曾邀请民间武术家到少林寺交流武艺。清《拳经·拳法备要》云，宋朝开国皇帝赵匡胤亦精于少林拳法，后世还传有少林太祖长拳。此说虽不能以有力的史实予以佐证，但作为长期流传的一种说法，赵匡胤应当与少林武术有一定的渊源。

元朝建立后，少林寺得到了元廷的大力推崇，使之成为拥有至高无上地位的佛教寺院，少林寺由此也极力维护元朝的统治，并成为其忠实的卫士。在反元斗争充斥的时代，少林寺不断受到威胁。据《宣授少林寺提举藏云大师山公庵主塔铭》载，至元三十一年（1294 年）和至大元年（1308 年），藏云两次奏请皇帝、皇储、诸王、帝师及都僧省发圣旨、令旨等保护少林寺。元朝曾下令民间禁止铸造兵器，不准习武，但并不禁止其忠实卫士少林寺习武以自卫。这从元延祐五年（1318 年）《庆公碑》所载可证："乙丑，嵩少有御寇之扰，雪庭以师（慧庆）供副寺，壬申寻升提点。"让慧庆充任副寺、提点来"御寇"，当是以武力来御敌。此足以证明元代少林寺僧以习武自卫。此外，元代只有官府中才有的名称，在少林寺出现许多，比如"提点""都提举"等。这从明朝武僧周参、广顺、玄机曾任过此职来看，这几个职务极可能就是武僧的头衔。

元朝末年，天下大乱，元朝护卫者少林寺与反元者的冲突已不可避免。在少林寺与农民起义军的对抗中，少林寺曾组织僧兵反击红巾军，但最终还是被强大的农民军打败，少林寺也被攻陷。此事记载于明洪武六年（1373 年）《嵩岩俊公和尚塔铭》中："至正之末，天下大乱，兹寺失守。"关于元末少林武僧与农民军进行的战争，后来演化成了"紧那罗王御红巾"的神话。传说，红巾军进攻少林寺时，烧火僧紧那罗王手持烧火棍，站于太室、少室两山之间，吓退了红巾军。然而，事实与传说恰恰相反，不是少林棍僧紧那罗王打败了红巾军，而是红巾军击败了少林武僧，并攻占了少林寺。后来，少林寺把紧那罗王奉为棍术大师，武僧则把唐代的大将军僧昙宗称为头辈武僧师爷，把紧那罗王称为二辈师爷。

纵观北魏到元代少林寺僧习武情况，史志没有专门记述，其习武活动只散见于史册、碑刻的字里行间。僧稠习武、十三武僧助唐、圆净反唐、宋代僧兵、元代御红巾等，无可置疑地证明少林寺僧在这期间习武从未间断。但从这一时期少林寺僧习武的内容上看，仍是民间武术，并未形成完整的少林武术体系，也就是说，尚未形成具有鲜明特点的武术流派。由此可知，这一阶段是少林武术的初创时期或奠基时期。

少林寺僧在经历了北魏至元代长期的习武活动之后，到了明代，经过武僧不断演练、综合、传承、提高，形成了完整的少林武术体系。从武术门派角度来说，明代是少林武术流派的形成时期，也是少林武术的定名之时，即明代少林武僧所演练的武功才被正式定为“少林”之名。

明朝建立后，寺僧习武活动开始向纵深发展。在元末遭重创的寺僧习武活动，到明代中期的成化至弘治年间，已形成大规模、有规律的演武活动。明正德八年（1513年）都穆《游嵩山记》载：“少林僧至今以武勇闻，则其所从来远矣。”明成化时入寺为僧的周友（三奇）和尚，武功高超，他在正德年间就曾统领少林僧兵南征北战，其弟子遍天下。由此可证明从明初开始复兴的演武活动，到中叶已达到相当高的程度。

明代少林武术最先成名的是棍法。明万历年间程宗猷（字冲斗）所著的《少林棍法阐宗》载，元末紧那罗王的后嗣哈嘛师，以拳棍授以匾囤和尚。明嘉靖年间（1522—1566年），抗倭名将俞大猷在《新建十方禅院碑》中记载：“予昔闻河南少林寺，有神传长剑技。”长剑即棍，神即指元末紧那罗王。当然，紧那罗王持棍御红巾军之神话不足信。但从二者的记载看，元末明初少林寺僧已开始演练棍法当是史实，只不过是以神话与史实相杂的方式出现。由此证明，少林棍法创始于元末明初。到了明代中后期，少林棍法已发展到了相当成熟的阶段。嘉靖至万历时的少林武僧洪转，为一代著名棍术大师，“棍法神异，寺众推尊”（《少林棍法阐宗》）。洪转还著有棍、枪相融的《梦绿堂枪法》一卷传世。嘉靖、万历时期的少林武僧洪纪、宗相、宗岱、广按、普从、宗擎等，皆是精通少林棍法的大师。明代少林棍法不仅习者众多，而且形成了完整的理论体系。万历年间，民间武术家程宗猷曾先后到少林寺师从洪转、宗相、宗岱等习棍有十余年之久，于万历四十四年（1616 年）写了著名的《少林棍法阐宗》一书。该书对少林棍术的起源、内容及理论都做了比较详尽的记述，是人们研究少林棍法的珍贵史料。

继棍术之后，少林拳法体系也逐渐走向成熟并风行海内。据明万历九年（1581 年）王士性《嵩游记》载：“山下再宿，武僧又各来以技献，拳棍搏击如飞，他教师所束手视，中有为猴击者，盘旋踔跃，宛然一猴也。”从“拳棍搏击如飞”看，当时少林寺不仅棍术名扬四方，拳术也达到了相当高的境界。再从“盘旋踔跃”者所练的猴拳看，当时少林拳的种类是相当广泛的，已产生了猴拳。明代的少林拳主要是格斗搏击的实战技法。明万历三十六年（1608 年），金忠士在其所著的《游嵩山少林寺记》中写道：“午刻，少参君招饮溪南方丈中，观群僧角艺。”万历三十九年（1611 年），袁宏道《嵩游记》中载：“晓起出门，童白分棚立，乞观手搏。主者曰：‘山中故事也。’试之多绝技。”此可证，明代以搏击为主的拳法，技艺相当高超。明代拳法与棍法体系的形成时间相差不远，但拳术没有棍术闻名天下早。这从程宗猷《少林棍法阐宗·问答篇》中可知：“棍尚少林，今寺僧多攻拳而不攻棍者，何也？余曰：少林棍名夜叉，乃紧那罗王之圣传，至今称为无上菩提矣。而拳犹未盛行海内，今专攻于拳者，欲使与棍同登彼岸。”宗猷所言非常明确，其棍乃是“圣人”紧那罗王所传，名扬四方，而拳则不是，故不能与棍“同登彼岸”。这里要说明的是，现在许多人据此认为少林拳法是继棍法之后而形成的。事实上，程宗猷所说的并不是棍术比拳术产生早，而是说少林棍术比拳术名扬天下早。

明代少林拳法的成熟还有许多例证。嘉靖时著名将领唐顺之的《峨眉道人拳歌》云：“浮屠善幻多技能，少林拳法世稀有。”清初黄宗羲《王征南墓志铭》云：“少林拳勇名天下。”唐顺之、黄宗羲的话，虽然有些夸张，但绝非戏言。这些赞美文字的出现，说明嘉靖至明末时少林拳法已相当成熟，并且已具有相当的影响力。明代的少林寺拳法和棍术一样，都形成了完整的理论体系。明末少林寺著名拳法大师玄机和尚将拳法传于陈松泉，陈又传于张鸣鹗。清初张孔昭据张鸣鹗所传玄机遗法写成了《拳经》一书，该书不仅有少林拳的练法，而且有理论，是少林拳法的经典。

明代少林武术，不仅仅限于棍法和拳法，已形成一个内容相当广泛的武术体系。明万历四十三年（1615 年）文翔凤在其《嵩游记》中写道：“归观六十僧，以掌搏者、剑者、鞭者、戟者……”从此记述看，明代少林武术不仅有拳有棍，而且还有剑、鞭、戟等。清洪亮吉《登封县志》载明末部如城语：“习拳棒于少林寺僧，尤娴大刀。”可见大刀在明代已被列入少林重要兵器。明天启五年（1625 年），河南巡抚程绍在少林寺观武僧演武后著的《少林观武》诗云：“暂憩招提试武僧，金戈铁棒技层层。”明万历时的礼部侍郎公鼎在《少林观僧比武歌》中云：“复有戈剑光陆离，挥霍撞击纷飙驰。”以上这些，足可证实明代少林武术的拳术、器械种类相当繁多。

明代少林武术的发展和技法的提高，尤其是棍术的提高，与武僧参战和相互交流关系密切。正德年间，少林武僧周友曾率僧兵镇守山陕边关并征讨云南。嘉靖年间，少林武僧也曾大规模参与抗倭战争和镇压农民起义战争。经过战争的洗礼，少林武术得到了长足发展。明嘉靖时，抗倭名将俞大猷自云中（山西大同）归沿海抗倭前线，路经少林寺，临走时将少林武僧普从、宗擎带到军中，习练实战少林棍法达三年之久。后二人回到少林寺，将实战棍法广传于寺内武僧。明代少林寺的演武活动非常盛行，这也是少林武术技法提高的一个重要途径。当时凡是有地位的名人到少林寺，寺僧皆以演武形式展示少林武术。公鼐、程绍、王士性、金忠士、袁宏道、文翔凤等人到少林寺，都观看了大型的武僧习武场面。武僧的演武活动促使其必须有一项良好的技艺，才能展示少林武功的高超。

少林武术自明代扬名之后，即开始在国内广泛传播。明正德时镇守边关、征讨云南的著名武僧周友的弟子遍及河南、山东、直隶等省的几十个州县。嘉靖时参加抗倭的众多手持棍棒的少林武僧，遍及东南沿海，使少林武术根植我国东南诸省。明代也有许多俗家弟子，如程君信、程涵初、程宗猷等，都曾到少林寺习武。程宗猷求学于少林寺十余年后写的《少林棍法阐宗》一书，使少林棍法广传四方。明代玄机传拳法于俗家弟子，使少林拳法广传于世。明末，明王朝将领还多次聘少林武僧为之训练军队，传授少林武功。明朝少林僧兵在东南沿海参战，使少林武术开始在南方流传。

少林武术在明代形成流派之时，也是少林武术定名之时，少林武僧和俗家弟子演练的所有功夫被正式定名为“少林”，后世谓之“拳以寺名，寺以拳显”。

明代是少林武术发展史上的一个辉煌时期。这期间不仅少林寺繁荣，寺僧练武、演武、传武也很兴盛，甚至僧兵的参战也多受朝廷的调遣。而到了清朝，少林武术的发展却经历了曲折的道路。清初之后武僧练武由公开变为隐蔽，演武活动销声匿迹，直到清末。但在社会上，少林武术声誉更加卓著，流传更加广泛。

清初，清廷虽有严厉禁止民间宗教组织活动的法令，但当时民间的反清教会、教门不太明显，力量也比较薄弱，而且这些初兴的民间宗教组织并未与少林寺及少林武术有什么关系。所以，清初，清廷并没有把少林武僧的聚众习武等同于民间秘密的反清组织，也没有采取限制和禁止措施。

清顺治时焦复亨《少林寺》诗云：“艺高白棓（棒）手，夏解碧莲宫。”清初顾祖禹《读史方舆纪要》中云：“其北有少林寺，北魏所建，历代尝修治之，近代所称少林寺之僧兵也。”清康熙十六年（1677年）顾炎武游少林寺后，在其所著的《天下郡国利病书·嵩高》中写道：“至今寺僧以技击闻，其由来久矣。”而其所著的《少林寺》诗中也写道：“颇闻经律余，多亦谙武艺。”清康熙时进士景日昣在其所著《说嵩》一书中亦云：“今寺僧矜尚白棓（棒）。”

清初寺僧习武规模小和人数较少的原因，在于明末战乱对少林寺的重创。

由于受到战争的重创，少林寺走向衰落。清康熙初年，登封知县叶封在《少林寺》诗中描述了战后少林寺的景象："乱余僧亦少，晚坐静无哗；古殿聊支水，丰碑漫似麻。"清康熙初年进士王无忝《少林寺》诗亦曰："寺破山僧少，人来夏涧幽。"由于寺僧大量减少，清初武僧习武规模虽小，然而是公开的。

进入清康熙中后期，随着民间反清教会力量的壮大，在"反清复明"的旗帜下，为了达到反清目的，民间教会开始寻觅反清力量。于是，久负盛名的少林武术及少林僧兵成了他们利用的对象。

清雍正时，在清廷的压制下，少林寺败落得更加严重，面对赫赫禅宗祖庭的凋零，河东总督王士俊感慨道："登封少林，乃系东土初祖道场，九年传冷坐之心，五叶启宗门之绪。法灵普覆，慧日光涵，缘自历代相沿，迄今实多颓圮。"(《河东总督王士俊檄》)为此，王士俊奏请皇帝重修少林寺。雍正帝降旨批准，但对少林寺的门头房（家族式庭院）却给以严厉训责。为此，雍正帝特下令拆除了少林寺周围 25 座远离寺院的"门头房"。这 25 座门头房，过去大多是少林寺武僧的练功场。由于雍正对少林寺心怀不满，所以在《上谕》中甚至对寺院修好后由谁来做方丈一事，他也不同意由少林寺僧担任，而是想从京师中调自己信任的僧人充任："至工竣后，应令何人住持，候朕谕旨，从京中派人前往。"由此可知，雍正对少林寺的态度虽不像对民间教会那样严酷，但限制还是很多的。

从雍正时期开始，在少林寺已基本上见不到武僧公开习武、演武的场面。至道光初，文人墨客游少林寺后所写的各种游记、纪胜诗及所立碑刻等，也基本上找不到寺僧习武、演武的记载。

虽然少林寺习武受到清廷压制，但对于一直把习武作为宗风的少林寺僧来说，他们并未放弃，习武仍未停止。为了避开清廷的查究，他们习武活动改在夜间秘密进行。建于明末的少林寺毗卢殿（千佛殿）原为储存佛经和佛像的场所，从雍正开始，这里变成了少林寺的秘密夜间练功房。道光二十六年（1846 年）《西来堂志善碑》所载的“夜演武略”就是寺僧练功由公开变成秘密的真实写照。清席书锦于光绪二十年（1894 年）撰写的《嵩岳游记》中记述了寺僧在千佛殿习武留下印记的情况：“今后殿壁，绘罗汉手搏像。屋地下陷，深数寸，传为习武场。”由于寺僧长期不断地在千佛殿内练功，殿内地下被脚踩出了 48 个深深的脚坑。据寺僧德禅、行正讲，这些坑是清代少林武僧演练内功心意拳时留下的。从脚坑的深度看，它不仅显示出练功时间较长，而且表明清代少林功法也是非常注重内功的。

清朝后期，社会动荡，清廷自顾不暇，雍正、乾隆时期禁教的高压政策到道光时已大为削弱。但寺僧仍惧怕清廷追究，所以秘密习武，到道光初年仍沿袭不变。道光八年（1828 年）三月，满族大员麟庆代巡抚杨海梁祭中岳，农历三月二十五日，麟庆至少林寺，在参观了少林寺后，因久闻少林武功名冠天下，遂让寺主僧组织武僧为之演武。寺主僧见麟庆为满族大员，又因清廷禁止聚众习武，于是矢口否认寺僧练武。麟庆听后，立即明白寺主僧是惧怕清廷的追究，立时对少林寺僧习武做出了具有定性意义的解答：“谕以少林拳勇，自昔有闻，只在谨守清规，保护名山，正不必打诳语。”寺主僧听了麟庆这种平反式的话语后才放心。于是，寺主僧挑选功夫高超的武僧在紧那罗殿前为麟庆进行表演。麟庆看了武僧表演后，赞道：“熊经鸟伸，果然矫捷。”

寺僧为麟庆所举行的演武活动，是自康熙后期至道光初年在少林寺内唯一可查的公开的大型演武活动。自麟庆对少林武僧演武“正名”后，再加上清朝后期对聚众习武限制的放宽，少林寺自道光后期便公开了“夜演武略”的秘密。《西来堂志善碑》记载的武僧湛声等人的习武情况可证：“余自祝发禅门，禀师敬之重，修弟子之职，昼习经典，夜演武略，亦祗恪守，少林宗风，修文不废武备耳！”

道光之后，由于清廷腐败，社会更加动荡，禁教习武的法令已形同虚设。再者，少林寺有麟庆对寺僧习武的肯定，所以习武已不再秘密进行了。清末，寺僧甚至将麟庆观武的场面，以大型壁画的形式公开绘于白衣殿的北壁上。据寺僧德禅讲，在壁画中指挥练功的就是曾隐居石沟寺练功的湛举。在绘此壁画时，毫无顾忌的寺僧甚至演化出了乾隆帝游少林寺观武的场面，并将其绘于南壁上，至今犹存。

清末不仅寺僧习武没有顾忌，俗家弟子到寺院公开学武也很普遍。《西来堂志善碑》中就记载了俗家弟子王生随武僧习武的情况。清咸丰四年（1854 年），福山王祖源偕关中力士周斌同往少林寺学艺：“尽得其《内功图》及《枪棒谱》以归。”光绪七年（1881 年），王祖源根据其在少林寺所学之内功，还著成《内功图说》一书刊行于世。

少林武术在明代开始向社会传播，到清代由于禁教而遭到压制和禁止。但少林武术在社会上的传播却没有因禁教而终止，也没有因压制而停步，而是传播规模和范围更大，甚至超过明代。

少林武术在社会上流传的加速，其重要的原因在于民间秘密结社性质的反清教会、帮会，利用少林武术，宣传少林武术。在康熙后期，少林武术在社会上的传播已相当广泛，不仅天地会说武艺出自少林，民间习武者也沿袭教会、帮会的说法，说自己的武艺出自知名的少林寺。清康熙时长洲（今苏州）人褚人获《坚瓠集》中云："今人谈武艺，辄曰：'从少林寺出来。'"这句话实际上就是后来人们所说的"天下功夫出少林"的早期表述。

清代虽然禁止民间教会、帮会习武，并一度将少林武僧聚众传武视为"邪教"帮凶，但事实上是清廷愈禁反而传得愈广。《郑板桥笔记》中就记载了湖北魏子兆学艺于少林寺僧的情况："遇少林寺僧，授以练气运神之诀，魏习之数年，周身坚硬如铁，值运气时，气之所至，虽刀斧勿能伤也。"郑的描述当然有些夸张，但能证明的是少林寺僧敢在社会上传艺。此外，王韬的《遁窟谰言》、俞樾的《荟蕞编》、徐珂的《清稗类钞》等都有少林寺僧在民间传武的记载，其中《清稗类钞》记载尤多，甚至清代的神话小说《聊斋志异》都写有少林寺僧在民间传武的情况。这反映出清代少林武僧在社会上传武是很普遍的。到清代后期，随着民间教会"反清复明"势力的削弱，清廷禁令形同虚设。不仅如此，清廷还利用民间的乡勇湘军镇压太平天国，利用义和团反对洋人。这说明清廷在形势逼迫下，政治局势已发生了变化，即由初期的反对民间聚众习武，到后期有选择性地利用民间武术组织，这种变化对少林武术的流传也起到了积极作用。

从明朝开始向全国传播少林武术，到清代，随着少林武术与当地拳法的融合，形成了具有所在地风格的少林派武术，如峨眉少林、广东少林、福建少林等，都是少林武术在吸纳了当地拳法的基础上而产生的南派少林武术。南派少林武术重拳，北派少林武术重腿，故有"南拳北腿"之说。

北方的一些拳法也是如此。明末曾从学少林武术的陈王廷回到家乡后，结合自己的心得，创立了太极拳。形意拳创始人姬际可也是在学习了少林心意把后，创立了形意拳。由此，少林武术在全国诸多拳派的形成过程中发挥了重要作用。

清代少林武术在民间的传播，表现在多个方面。在图书的出版上，清廷禁教虽有负面影响，但少林武术书籍还是出了不少。清代最著名的少林武术书当是《拳经•拳法备要》。该书所载拳法乃明末清初少林寺著名武僧玄机和尚遗法，清康熙时经张孔昭整理而成《拳经》一书，到乾隆四十九年（1784 年）曹焕斗又作注，更名《拳经•拳法备要》。该书撰成后，未能刊印，一直以手抄本传世，直到民国十八年（1929 年）方由大声书局石印出版，1936 年蟫隐庐又据最完备手抄本刊印。清乾隆二十七年（1762 年）刊印的《少林衣钵》也是清代较早的少林武术著述，其内容记载有少林衣钵真传，罗汉短打图，罗汉兵刀、器械，罗汉行动全谱、口诀，等等。这部署名“升霄道人”的《少林衣钵》，其内容是否为少林寺所传武功尚存争议，但它以“少林衣钵”刊行，表明少林武术的影响力还是较大的。此外，清初吴殳的《手臂录》中已记载有少林武僧洪转的枪法和程宗猷的少林棍法。清代后期，社会上关于少林武术方面的书籍更多，咸丰时王祖源的《内功图说》、咸丰末蒋鹏的《少林单刀谱》等纷纷刊行。甚至到了宣统三年（1911 年），上海的《天铎报》公开刊登具有反清性质的《少林宗法》。当然，《少林宗法》的内容也并非全是少林武术，但它的刊行表明少林武术更加广泛地融入社会，深入群众中。

民国时期，虽然少林寺已没落，但少林寺僧仍保持习武的传统。民国初年，少林寺最具影响力的两位武术大师是恒林和妙兴。恒林精通少林各种功法，曾任少林寺武僧教头和住持，武术弟子众多。民国初年，匪患严重，精于武功的恒林出任少林寺保卫团团总，曾率少林僧兵与土匪进行了大小数十次战斗，皆获胜。恒林的弟子妙兴，为少林武僧之佼佼者。他精通少林拳械及点穴、卸骨、擒拿、气功等诸多少林武术，在继恒林出任少林寺住持后，打破少林寺秘技不外传的旧俗，将技艺传授给了众多俗家弟子。民国十四年（1925年）段之善游少林寺，在其所著的《游少林寺琐记》中记述了妙兴及众弟子习武的情况："其初所练皆系单人拳法，功力严整，手眼身法，步步周密。演练时，全场肃静，中逢节段，莫不鼓掌如雷。复演双人对手，拳脚飞舞，纵横颠覆，犹令观者，警目夺神，为之叹赞。"妙兴大师及众僧演武情况是民国时武僧习武的写照。

民国时，少林武术弟子中走出许世友、钱钧两位将军，他们在战场上大显身手，屡立战功。中华人民共和国成立后，1955 年许世友被授予上将军衔，钱钧被授予中将军衔。

1928 年，国民军北伐，"建国豫军"总司令樊钟秀以少林寺为司令部，袭击国民军后方，旋被国民军石友三部击败。后石友三攻入少林寺，一把大火将重要殿堂焚毁，寺内所存少林武术资料被焚殆尽，寺内武僧四处逃散，少林寺走入历史低谷。被焚后，鉴于少林武术奄奄一息的状况，当家武僧贞绪与素典、德禅等重振少林武术，并召回著名还俗武僧寂勤大师之俗子吴山林大师，训练少林武僧，培养了德根、行章等 40 余名武僧，还在少林寺创办的少林中学中开设少林武术课，使得少林武术广为传播。贞绪、德根等武僧的演武、传武活动维系了民国时期少林寺武术的传承。

民国时期，少林武术在社会上进一步流传，尤其是少林寺周围的登封、偃师等地民间，少林武术已根植其中，成为少林武术的重要传播基地。如登封的少林寺村、塔沟村、南照沟村、磨沟村、骆驼崖村、雷村、阮村、文村、大金店等地村民，习少林武术者甚多，形成"少林武术村"。1937 年抗日战争全面爆发后，豫西九县成立"少林武术抗日救国会"，登封、偃师、临汝、巩县（今巩义市）等地有上万人参加，可见少林武术的普及程度。就全国来说，民国时演练少林武术者及各种少林武术组织，不可胜数。中央国术馆刚成立时所设的课程就分为少林门和武当门两大类。

民国时期，社会上出现了空前的少林武术整理出版热潮。从1911年至1945年出版的少林武术图书，有40余种。如尊我斋主人的《少林拳术秘诀》、赵连和的《达摩剑》、吴志清的《少林正宗练步拳》、金警钟的《少林七十二艺练法》、姜容樵的《少林棍法》、朱霞天的《少林护山子门罗汉拳》等。民国时出版的少林武术，除《少林七十二艺练法》《少林护山子门罗汉拳》等个别为少林寺传统武术外，其余基本上都是流入民间的少林武术，含有大量民间武术的成分，其中也不乏有一些牵强附会之作。比如《少林拳术秘诀》，就是把民间南派武术附会成少林武术。随着社会上对少林武术附会的增加，考证少林武术历史及真伪的书籍也随之出现。比如唐豪的《少林武当考》《少林拳术秘诀考证》，徐震的《少林宗法图说考证》等，为少林武术的正本清源起到了积极作用。

中华人民共和国成立后，少林武术被列为宝贵的文化遗产而得到了国家和社会的重视，少林武术功能也发生了巨大变化，由过去的用于格斗、搏击为主转变为强身健体的体育运动，并得到了广泛普及和推广。

“文化大革命”开始后，少林武术的训练、竞技、演艺、普及、传承等活动基本停止，十年间少林武术损失巨大，一些新中国成立后传承的少林武术重要内容（技术、功法、文献）再次失传、遗失、毁灭，少林武术又一次步入历史低谷。1975年登封县（今登封市）业余武术体校重建，调请梁以全、杨聚财等少林武术名师任教。1981年登封县少林武术体校的创立，成为少林武术振兴和武术馆校发展的重要基础。

1982年，电影《少林寺》上映后，在全国乃至全世界兴起了空前的少林武术热，到登封习武者成千上万。特别是近年来，少林武术不但作为体育项目全球闻名，而且作为传统文化受世人瞩目。武校作为新时期少林武术发展的重要力量和阵地，为宣传登封、弘扬国粹、振兴经济做出了巨大贡献。

以少林武术为媒，武术搭台，经贸唱戏，各级政府大力倡导和落实少林武术文化平台。登封承接的各种规格的各类武术赛事、大型节庆活动，如 1991—2018 年的十二届中国郑州国际少林武术节和 2004 年、2006 年的两届世界传统武术锦标赛等，对少林武术发展做出了重大贡献。

身以滚而起	拳打一条线	曲而不曲	起望眼，落望天
手以滚而出		直而不直	禅武合一

禅为修身本，武为强身技。

第二章
少林武术特点与套路

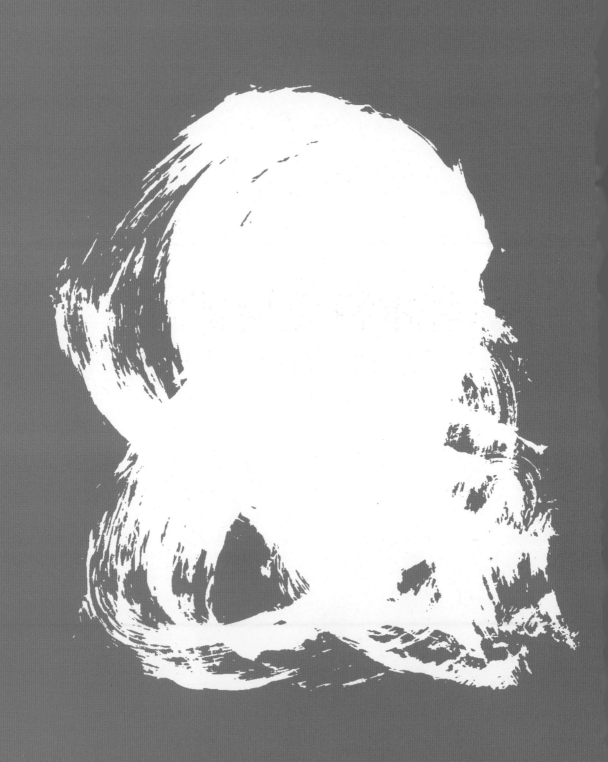

一、特点

1. 动作特点

少林武术作为一种武术流派，有其独特的风格和特点。长期以来，少林武术在广泛传入社会之后，与民间武术不断融合，形成了众多的少林武术门派，比如以北方为主要流传地的称北派少林武术，以南方为主要流传地的称南派少林武术。少林寺所传的武术，在发展过程中其特点也在不断地演化。与明代程宗猷的《少林棍法阐宗》及清代张孔昭的《拳经·拳法备要》中所载的少林棍法与拳术的诀语相比，今天的诀语有所变化，尤其是当前套路化的少林武术与原先以格斗为主的少林武术差异更大。现根据流传于少林寺一带传统的少林武术，将其特点综述如下。

（1）短而精

少林武术套路以短小精悍著称，拳术套路大部分在36组动作以内。套路短，组合招式严密紧凑。整个套路练习所用时间短，目的是为了练习者在练功时能集中全身能量，一气呵成，利于每个招式功夫的增长（包括手、眼、身法、步、精神、气、力、功等），避免出现因套路太长而使练习者体力不足，只能勉强敷衍的情况。

（2）拳打一条线

少林武术套路的起、落、进、退、闪、展、腾、挪等尽在一条线上运动。巧学活用，练功时把自己的身形固定在一条线上，用时放开，犹如出笼之虎。另外，直线的运动，极有利于快速进退（战时速度为第一）。

（3）步法随便

少林武术为实战之需要，步法要求“随便”。《释家传锤把十要诀》曰：“拳法妙术在移闪，动静呼吸一气连，来来去去须随便，唯在接取玄妙间。”第三句的“来来去去须随便”，为步法定下了基调；第四句的“接取”为守攻之意。少林武术的步法要求进低退高，忌大开大合。进攻时势低宜于聚全身之力，加大击杀力；退时势高，宜于防守，便于进攻。少林拳最重要的特点是“拳打卧牛之地”。练功不分场地大小，步法随便，大小以自己能发挥的最大能量为宜，以利于“接取”为目的。

（4）滚出滚入

滚出滚入有两层含义：一为身形的滚出滚入，二为手形的滚出滚入。身形的滚出滚入，起横落顺。进退之起势以横身（正身）为先，横进横退，利于进退速度。落势以顺身（侧身）为后。起势展其身形，落势闭门户，顺身落势。对“敌人”来说，攻击目标为“线”形而非“面”形，攻击面积缩小，有利于防守。身形的起横落顺，形成了拧身滚动的滚出滚入运动，使练功者的身形如泥鳅般光滑，使对手难以捕捉。少林拳的出拳特点为出阴（阴拳）回阳（阳拳），这样就形成了手法的滚出滚入。这一方面能增加力量，另一方面有利于手臂的自我保护。在出招攻击时，手形的滚出滚入，使其拳掌如弹头的旋钻，而非穿钉之力，谓之巧力。同时在实战中，“沾”法尤为重要。若自身被敌所沾，其身势已死，拳、掌无效。手法的滚动圆滑，其形不定，又使对手难以截沾，增加自我拳掌攻击的力度。《释家传锤把十要诀》“第一要诀・明三节”云：“身以滚而起，手以滚而出，身进脚手随，三节身可齐。”由此可见，“滚出滚入”在少林武术中的重要性，是少林拳的一大显著特点。

（5）神形一体

《少林拳谱》云：练功时无敌如有敌，遇敌时有敌如无敌。要求学习少林武术者必须“神形一体”。少林武术的一招一式，都包含极其深奥的战略战术思想。战略上不可重敌亦不可轻敌，战术上虚实并用、指上打下、招前顾后、看左打右，对方体形高于自身则攻其中下盘，对方体形低于自身则攻其中上盘，避实就虚，借对方之势、之力四两拨千斤等，每个招式都有其独到用法。在练功中，每一招每一式都以假想敌人为攻防对象。进攻时必须步催、身催、手催、意催，以迅疾见功夫。

（6）曲而不曲，直而不直

少林武术的招式在运用上有“老嫩”之分。老者指招式太过，嫩者指招式不及。招式的“老嫩”影响出招发力。因此，少林拳法为避免“老嫩”之弊，采用非曲非直之法。发一拳一掌，其力量最大之瞬间在非曲非直之间，以便曲防时含有攻意，直攻时含有守意。若将拳掌发“老”（伸直），则成强弩之末，只剩余力；若将拳掌发“嫩”（曲臂），乃发力之初，意、气、力刚生之时，其力大部分仍被困在丹田内。嫩者不能近敌，老者失去重心，易被对方顺势制之。

（7）起望眼，落望天

起者，招式之起势也，有“进攻”之意向；落者，招式之落势也，有“退防”之意向。起落进退在拳法中不可分割，分开则不可言、不可用。这有两层含义。一是起望眼。指在进攻敌人的起势中，望敌之眼睛，以目注目，以审敌势。眼是心灵之窗，敌人的行动意向首先在眼神上表现出来。古《拳谱》云：“心为元帅，身为老营，眼为侦探，气力为士卒，手足为先锋，老帅发出令，一齐往前征。”手未到眼先到，在敌之眼神里观察出敌之动向，进而选择攻击者所“攻”部位及选用招法。所以在起势时应望高，束身而进。束身是指缩自身之身形，闭自身之门户。“缩自身之身形”使自身目标缩小，利于近敌，“闭自身之门户”利于防守。二是守者落势眼望天，攻者落势眼望低。防守落势时看对方眼睛。身形之落已近敌身，在起势近招架敌人上盘的同时，望敌之下盘足腿部。敌之行动必先动其足腿，足腿的运动方向也就是敌人身势变化方向，注其足腿，封其下盘，使敌不能近自身，还有刨其根节之意图。展身而起，展其身形利于力量的发挥。

（8）禅拳合一

修习少林武术者有三层境界。初步境界为习其外表，练其外形，注重自己外部形体的锻炼。中层境界为“禅拳合一”，化有形为无形，变有法于无法，无法可依，无招可循，制敌于无形中。古《拳谱》云：“打人不见形，见形不为能。”最高境界为用心法指导一切，所斗之术为“心”法之争，非“形”法之战。由武入禅，由禅生慧。少林武术是在禅定状态下用智慧促使人体运动。少林武术孕育在佛教圣地禅宗祖庭，在少林武术中到处洋溢着佛光禅影，“禅拳合一”为少林寺功夫独具的重要特点。

（9）攻防合一

在少林武术的招式结构上，不存在完全的进攻或完全的防守招式，攻中有守，守中有攻，只不过是攻防成分比例有所变化，在进攻动作中防守成分少些，在防守动作中进攻成分少些。

（10）小手花众多

经过一千五百多年来少林寺历代僧人的研练，少林武术结构紧凑严密，几乎每个动作中都有小手花。小手花有截、沾、刁、扣、封、搅、扳、收等技法，可称为少林武术的精髓，所起作用相当大，使少林武术达到滴水不漏的程度，在实战中使对方无空可钻。

（11）朴实无华

少林寺历代僧人的生活方式非常简朴，不讲究吃穿，不着华丽外衣。这种朴素的生活方式和志趣也融进了少林武术里面，充分发挥了少林武术防身、护寺、健身、参禅的作用。因此，它的招式结构完全以实用为基础。每招每式，甚至意念、小手花都为上述四项服务，不掺杂任何哗众取宠、拖泥带水的内容，形成了朴实无华的特点。

（12）刚健有力

在中国众多的武术流派中，少林武术被称为外家。少林武术在于由外入内、由动入静、由刚入柔，与内家由柔入刚到刚柔并济的起步不同。由于起步的不同，形成了少林武术的刚健有力。《释家传锤把十要诀》阐述了齐四梢：四梢者，发为血梢，甲为筋梢，牙为骨梢，舌为肉梢。要求练功者发欲冲冠，甲欲透骨，牙欲咬金，舌欲摧齿。心一颤四者皆至，四梢齐内劲出矣。甚至用发声助之，目的是增进力量，震慑敌胆，增加攻击力。

综上所述，少林拳的技术特点可归纳为“内容丰富，结构紧凑，短小精悍，朴实无华，攻防严密，招式多变，注重技击，立足实战”，演练风格可归纳为“拳行一线，曲直有度，滚出滚入，以目注目，横起归落，轻灵稳固，以声助威，刚猛质朴”。

2. 少林武术的文化特点

（1）鲜明的中国传统文化特色

少林武术在中国传统文化的土壤中生根发芽，并不断发展、完善。总的来看，少林武术理论受中国哲学影响较多，武术防身制敌法受中国兵学影响较大，气功健身法受中医和养生术影响较深，少林武术表演受古代武舞影响较重。少林武术受禅学影响，要求将禅修融入练武，强调“禅拳合一、形神兼备”。少林武术要求意、气、劲、形四者和谐统一，一到俱到。这种“内外合一”的整体运动规律，反映了“天人合一”的理念。

（2）攻防再现性和真实表现性兼蓄的本质特点

少林武术一直是在搏击中发展武技的。它的动作素材以攻击和防守的性能为本质，兼容攻防再现性和表现性。攻防再现性就是少林武术动作能够再现其母体的格斗价值，在实践运用中发挥攻防效用。少林的太祖长拳（三十二路短打）、少林单刀、长枪等技法，都招招实用，式式皆可制人。现代流传的所有少林拳术类、少林器械类、少林对打类、少林功法类等都能体现出它立足实战性和攻防再现性的技术本质。

（3）多样统一的运动形式特点

少林武术内容丰富、博大精深，演练和运动形式多种多样。每个不同的套路都有各自的演练形式和风格。少林武术不同形式的武术器械就有几十种，不同演练形式和风格的拳术就有数百种。不同器械和不同拳术的练功方法、基本动作、内容结构、技击特点、演练风格等都不尽相同，却相互联系、相互为用，统一于一定的目的之下。通过少林功法的练习，能获得学习套路和格斗技能；通过套路的练习，有助于灵活身手和掌握对搏招法。少林套路演练能展示功法、功力训练的水平和实战能力的水平。通过实战格斗，有助于对少林武术攻防意识和攻防内涵的理解、认识、掌握及运用。

（4）整体统一的运动观念特点

少林武术传承着中国古老的本土文化和佛教的宗教文化。它以整体统一的观念作为锻炼和应用的准则，认为人体内在的无形的意、气、劲、力、功与外部有形的肢体是不可分割的整体，要求意、气、劲、形的统一。自然界与人之间存在“天人感应”的关系，也是一个不可分割的整体，要求人的运动与自然界的运动统一。这种整体运动观表现在少林武术的技法原理上，讲究“心与意合、意与气合、气与力合、手与足合、肘与膝合、肩与胯合”的内外六合；表现在演练原则上，讲究“刚柔相济、内外互导”；表现在演练效果上，讲究“内柔外刚、内强外壮”。

3. 少林武术歌诀

少林武术，历史悠久，源远流长。在其千百年的发展史上，历代少林武僧从练功实践中总结和提炼出了许多独具风格的练功歌诀。这些歌诀是少林武术的精华，是宝贵的文化遗产。为了继承传统少林武术歌诀的精华，现将历史上已出版的《少林棍法阐宗》《拳经·拳法备要》、少林寺现存少林武术古抄本及少林武僧口传的练功歌诀集录一束。

（1）少林棍法歌诀

高四平势变换活，枪来扎脸用拿法。
扎前拳蹲身打下，棍底枪搭袖可脱。
中四平势真个奇，神出鬼没不易知。
开合纵横随意变，诸势推蹲永不移。
低四平势上着，白蛇弄风拿提。
腰伊左右扎来，边裙二拦随作。
棍高可扎前拳，唯防搭袖高削。
上弓棒打雁翅同，须知左右虚实异。
他用穿提来逼我，左拉右拉随手挤。
移身后足推向前，便成骑马将人取。
伏虎头高不易推，挨稍急进莫徘徊。
左右扎我劈打易，高低扎我提拿开。
搭袖势来虽可畏，犹有四平堪取裁。

定膝立势似伏虎，劈拿提打我为主。
倘遇搭袖高削来，顺变二拦来救补。
尽头枪与提原异，偷步上斜行极利。
虎口枪来我不防，待乘虚巧拿难避。
潜龙摆头落，诸势以静降。
四坐无空着，唯防虎口枪。
铁牛耕地甚刚强，拦上打下最难挡。
唯有圈穿乘势妙，四平变势另思量。

（2）少林拳法歌诀

总歌诀：

舒衫立势袖填拳，掌按阴阳次第间。
审势分明知躲闪，防身斜侧识端偏。
进攻推托步偷半，插打搬拿学贵全。
欲不临场心手乱，闭居发奋读斯篇。

身法指要：

头端面正手平分，直竖身昂腿护阴。

斜立足分丁八字，势如跨马挽弓形。
脚腿不浮身便稳，足指须跷摆足灵。
脚动脚跟同进退，肩投腰衬臀齐行。
反伸复缩随舒卷，偏闪腾挪势势承。
练习常如寡敌众，横冲直撞莫留停。

手法指要：

撑拳托掌若风烟，劈欲抓拿势贵偏。
挺进牵来脚管硬，勾搬裹挽削披连。
三盘内外须纯练，前后高低浑打全。
一日无间三岁满，包能发手倒山巅。

步法指要：

两膝微弯力自然，撑前箭后练成坚。
随从顺闪腾挪步，玄经斜出反回圈。
翻覆旋风肩平硬，膝雄跟踹带勾膁。
跟落指悬神化用，轻浮坚固步中玄。

气法指要：

紧闭牙关口莫开，口开气泄力何来。
须知存气常充腹，杀手休将气放怀。
回转翻身轻展动，灌通筋骨壮形骸。
终朝练习常如是，体质坚牢胜铁胎。

（3）少林拳劲歌诀

之一：

拳打心劲如火攻，拳打膀劲如开弓。
拳打腹劲如刁翎，拳打胯劲疾如风。
拳打足趾如虎爪，拳打手指如钢钉。

之二：

肺动沉雷响，脾动大力攻。
上下一气连，一战就成功。
八劲合一劲，伸手就打人。
八劲合不住，伸手不顶用。

（4）少林打法歌诀

之一：

一打眉头双睛，
二打唇上人中，
三打串腮耳门，
四打背后骨缝，
五打肺腑胸膛，
六打撩阴高骨，
七打鹤膝虎胫，
八打破骨千斤。

之二：

一不打太阳为首，
二不打正对锁口，
三不打中心两臂，
四不打两肋太极，
五不打海底撩阴，
六不打两肾对心，
七不打尾闾风府，
八不打两耳扇风。

（5）练武手脚歌诀

身进手方出，身回足退缩。
束身与反侧，齐起要齐落。

欲进先要退，欲开先要合。
单来用接把，双避使拦摞。
横展鹅亮翅，左挎右须括。
单鞭与斜形，前踩带后跺。
高宜用勾挂，低来足可拨。
远手近用肘，挑押走搓摩。
交手慎接取，动静呼吸合。
要用劲懈法，把把加鹰捉。
一气通天地，二气隔山河。
死势不打人，要得身法活。
功到妙自出，朝朝多揣摩。

（6）攻守歌诀

封逼当头阵，二法本相应。
如不加拿手，难制敌人命。
敌技未曾闻，先探而后阵。
吞吐含其中，变化见机行。
浮身制远敌，沉法攻下层。
速度宜如风，妙用存乎心。

（7）练武五官四肢合心法歌诀

耳与心合益聪，
目与心合益明，
口与心合益勇，
鼻与心合益力，
手与心合益疾，
足与心合益稳，
前不实容易探，
后不实容易倒。

（8）少林小通臂拳歌诀

足立八字双抱拳，三步纫手怀抱月。
左右三掌劈华山，平心一炮开山泉。
左右劈山声震天，坐山云顶托塔冠。
折柴上步两抢手，斜形云顶托肘尖。
三卧枕势冲天炮，提手似炮面飞泉。
三步三撞往下砸，卧地两手抢喉眼。
转身上步反纫手，起身一掌脚飞天。
左掌一面左脚弹，二起飞脚鹤翅展。
单叉鹞子把林穿，劈腿转身三步连。
纫手恨足斜形腿，弓步斜形揣肘反。
卧枕上步两抢手，斜形云顶揣肘反。
三卧枕头旋风转，恨足劈腿推掌三。
搭手打虎抱头前，卧地开炮加抢连。
弓步斜形云飞天，端肘顶住泰山巅。
梅花卧枕虎坐山，少林通臂罗王传。
手足身眼似猿猴，苦练通臂十载满。
胜过武松闯虎关，少林绝技通臂拳。

（9）少林罗汉十八手歌诀

轩辕跨虎征蚩尤，仙人指路莫发愁。
回头望月龙摆尾，童子拜佛把路修。
梅广献花扭头看，鸿雁展翅知春秋。
猿猴摘桃来献果，魁星点元占鳌头。
高祖剑斩白帝子，王祥卧冰将鱼求。
燕子汲取长江水，鲤鱼翻身跳龙楼。
金刚罗汉斗猛虎，仙鹤亮翅望九州。
悟空束身水帘洞，白蛇吐信神鬼忧。
天师神弹射天狗，紧那武姿传千秋。

（10）少林罗汉拳歌诀

头如波浪，身似流星。

手如杨柳，脚似醉汉。

出于心灵，发于性能。

似刚非刚，似实而虚。

久练自化，熟极自神。

（11）少林枪术歌诀

出枪如射箭，收枪如跨虎。

身子如秀猫，扎枪如斗虎。

两眼要高看，跳步如登山。

压枪如按虎，抽枪如秀龙。

收枪气还原。

（12）少林剑术歌诀

剑是青龙剑，走剑要平善。

气要随剑行，两眼看剑尖。

气沉两足稳，身法要自然。

剑行如飞燕，剑落如停风。

出剑力要准，出剑还要稳。

气要发四梢，周身要用力。

剑出如棉花，刺剑如钢钉。

收剑如花絮，剑力要用全。

（13）少林棍术歌诀

少林著于棍，练棍要稳准。

扎步要如钉，动步快如风。

棍下有力量，四两拨千斤。

练棍要臂力，气要往下沉。

一动要换气，二动要随身。

气随棍而走，气随棍而出。

箭步如登山，收气要平安。

（14）少林刀术歌诀

少林刀法捷，出进血花射。

舞刀一线圆，砍刀如劈山。

撩刀须提气，左右飞上天。

用刀猛而疾，出刀影不见。

劈刀偷步施，分刀一条线。

攻御要害把，舞花如闪电。

撩刀头上架，雄狮盘坐山。

应机翻身走，猿猴学跳翻。

刀随身步撩，本功出拳源。

（15）少林九节鞭歌诀

少林九节鞭，九节三尺三。

右手钳鞭舍，左手紧抱拳。

发鞭先运气，屯气调丹田。

挺身立八字，垂臂面向南。
起势体东转，右手前甩鞭。
三环舞花飞，鹞子把身翻。
金丝缠葫芦，上步蝴蝶鞭。
左右双展翅，孤雁落沙滩。
七环驴打滚，呵声飞上天。
滚身倒三环，飞脚虎跳涧。
回头望月亮，背鞭笑归山。

二、套路

少林武术是一个博大精深的武术体系，内容极为丰富。按类别可分为徒手和器械两大类，器械又可分为长兵器、短兵器、双兵器、软兵器等。按技法又可分为拳术、棍术、刀术、枪术、剑术、技击、气功等几十种。少林武术最早出现的多是实战的格斗技法，从明代后期开始逐渐向套路化方向演化，并被固定下来，形成众多的套路。少林武术在长期的流传过程中，内容不断演变，新的套路不断创编，旧的也多有失传。根据已知的少林武术，其主要种类和套路有以下几种。

1. 拳术套路

有小洪拳、大洪拳、心意拳、梅花拳、炮拳、朝阳拳、七星拳、心意把、罗汉拳、护山子门罗汉拳、先天罗汉拳、长锤拳、黑虎拳、大通臂拳、达摩五经拳、小通臂拳、柔拳、连环拳、长拳、龙拳、长护心意门、猴拳、罗汉十八手、老洪拳、功力拳、莲花拳、鸳鸯腿、护身流星拳、六合连拳、虎扑拳、十趟弹腿、十二趟弹腿、五形八法拳、八仙拳、少林十三抓、三皇炮锤拳、子母少林拳、少林梅花手、少林火龙拳、少林反臂拳、流星腿、少林二祖拳、少林六合拳、小连环拳、风火拳、豹子锤、镇山拳、破连拳、天罡拳、出山拳、白猿螳螂拳、十路埋伏拳、工字伏虎拳、一枝梅拳、罗汉喜怨拳、虎鹰拳、关东拳、白莲拳、脱战拳、大战拳、看家拳、拆拳、十字战头、七星螳螂拳、跌扑拳、石头拳、砸拳、三路五子拳、达摩点穴拳、侠拳、燕青拳、罗王十八拳、夜叉铁砂拳、豹子拳、炮锤、搜风拳、猛虎拳、云阳拳、苌家拳、太祖长拳、佛汉拳、地趟拳、金刚拳、伏虎拳、青龙出海拳、罗汉阴风拳、金石拳、梅花螳螂拳、饿虎拳、鸡拳、地术拳、风云拳、碎拳、四门拳、迎门拳、五祖拳、连环锤、埋伏拳、蛇拳、虎拳、鹤拳、擒敌拳、流星拳、五行连环拳、拦截螳螂拳、铁牛盾拳、八极拳、八阵拳、开山拳、咏春拳、三荐拳、五夫拳、看家梅花拳、地煞拳、守院拳、连手短打、合战拳、走马六合拳等。对练有三合拳、咬手六合拳、盖手六合拳、扳手六合拳、耳巴六合拳、踢打六合拳、崩步对练、黑虎对练、对拳、一百零八对拳、六合连拳双打、六合拳缠打、二十四对拳等。

2. 棍术套路

有少林棍、猿猴棍、齐眉棍、单盘龙棍、双盘龙棍、阴手棍、大夜叉棍、小夜叉棍、烧火棍、疯魔棍、排棍、穿梭棍、镇山棍、齐眉对棍、五虎群羊棍、六合棍、劈山棍、小梅花棍、白蛇棍、细女穿线棍、八仙棍、旋风棍、飞龙棍、达摩棍、流星棍、八宝混元棍、上排沙棍、中排沙棍、云阳棍、旗门棍、齐天大圣棍、醉棍、短棍、风魔对棍、十二路五虎群羊棍等。

3. 刀术套路

有单刀、双刀、梅花单刀、奋勇单刀、分心刺单刀、滚堂双刀、六合双刀、朴刀、春秋大刀、二合双刀、刀对刀、单刀对双刀、老单刀、七星单刀、背旋单刀、一路双刀、关公大刀、追风刀、太祖卧龙刀、纵勇刀、提炉大刀、大朴刀、五虎断门刀、劈四门刀、三环九连刀、佛陀大刀、罗王大刀、白猿刀、白马分鬃刀、削马四蹄双刀、连环刀、对臂单刀、双刀破双枪等。

4. 枪术套路

有十三枪、十八枪、二十七枪、二十四名枪、三十一名枪、四十八名枪、八十四名枪、爆花枪、枪对枪、二十一名枪对刺、十五枪、花枪、长枪、连环枪、罗王枪、五虎枪、提门枪、金花双舌枪、提篮枪、六路花枪、点穴枪、梅花枪、对手枪、战枪、六合枪等。

5. 剑术套路

有二堂剑、五堂剑、行龙剑、青龙剑、达摩剑、乾坤剑、白猿剑、二堂对刺、七星剑、龙泉剑、连环女剑、太乙剑、火龙剑、云阳剑、五法剑、十形剑、三十六剑、风魔剑、九宫剑等。

6. 其他器械套路

有绳索、月牙铲、铜锤、梅花拐、风魔杖、双鞭、黄忠箭、八戒耙、宣花斧、双锏、大槊、双锤、狼牙棒、板斧、雁翅镋、飞镖、蛇矛长槊、峨眉刺、三股叉、方便铲、达摩杖（单拐）、双拐、虎头钩、双钩、草镰、马牙刺、乾坤圈、套三环、九节鞭、绳鞭、流星锤、三节棍、梢子棍、鸳鸯钺、棍对棍、刀对刀、枪对枪、大刀破枪、单刀破枪、白手夺枪、白手夺刀、白手夺匕首、棍对枪、草镰合枪、梢子棍合枪、双刀破枪、齐眉棍对枪、拐子对枪、拐子对棍、虎头勾合枪、马牙刺对刺、袖圈合枪、方便铲合枪、钢鞭合节鞭、月牙铲合枪、三节棍合枪、朴刀破枪等。

7. 其他功法

心意把、坐禅功、硬气功、小武功、梅花桩功、童子功、阴阳气功、易筋经、八段锦、点穴、卸骨、擒拿、七十二艺。

壮内强外	德以武彰	外练筋骨皮
	武以德显	内练一口气

习练者要“四德俱全”，“四德”即心德、口德、手德、公德。

第三章 少林武术功用和价值

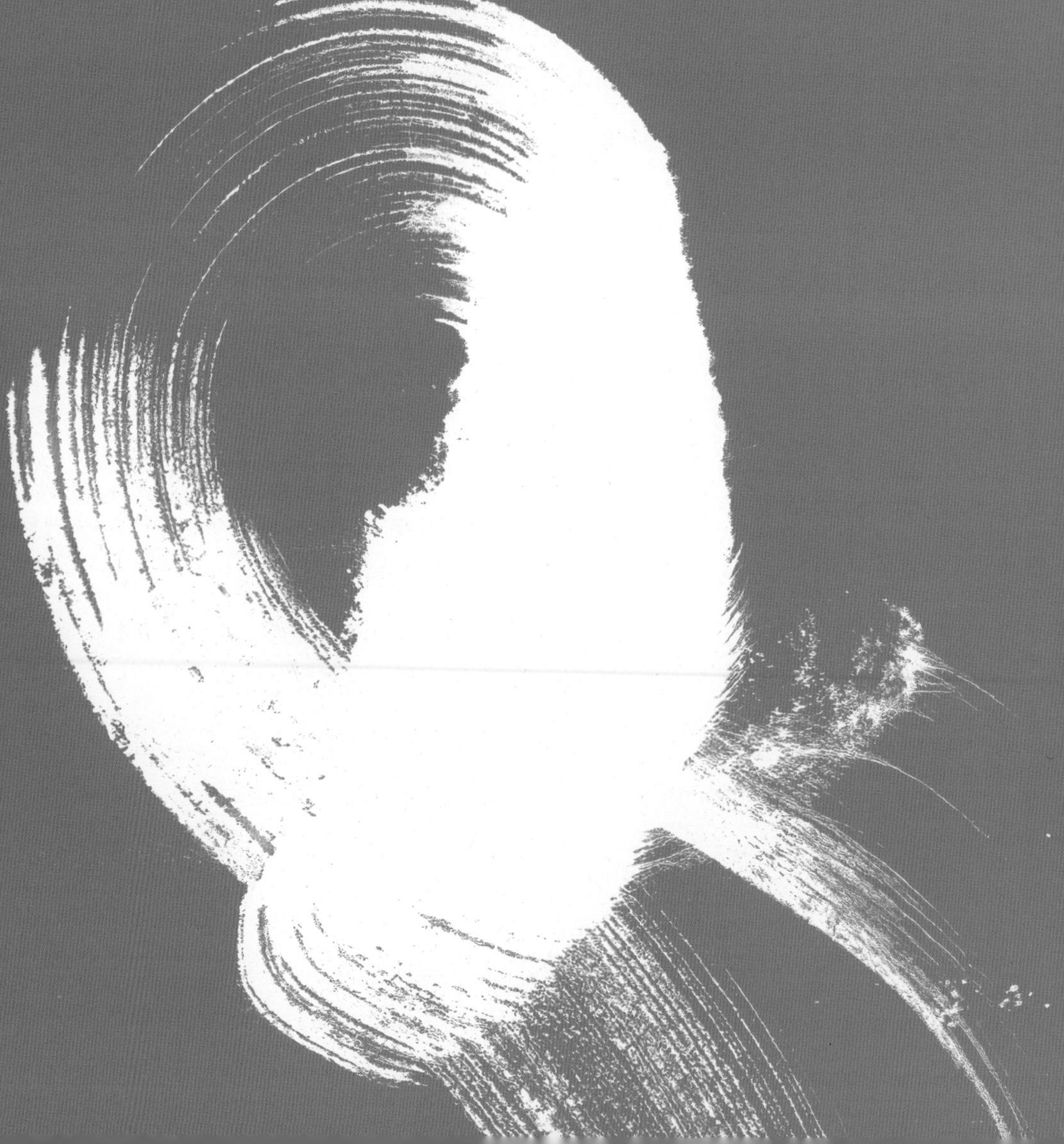

一、少林武术与军事

少林武术作为一项技击和健身运动，与格斗和强身都有着密切关系，历来注重实用性，并在军事中进一步实战和应用，在传承和发展中形成了鲜明的少林文化。它具有重要的社会功用和价值，已经成为中华民族优秀传统文化。

自隋末少林寺组织僧兵对抗农民起义军开始，少林武术逐渐步入军事领域，并在战争中发挥了巨大的威力。唐初，少林寺十三名武僧以高超的武功助李世民打败了王世充之后，少林寺开始公开组织和训练僧兵队伍。少林武术自唐代用于军事战争后，历代不绝，再次大放异彩则是在明代。据传，明初之时，少林僧兵曾助朱元璋夺得天下。明中叶后，倭寇在我边境侵扰，少林武僧曾大规模投入抗倭战争，并立下了赫赫战功。如：少林武僧月空和尚率僧兵三十余人征战抗倭前线，他们以精湛的武技击杀大量倭寇；少林寺武僧万庵、普使和尚也多次参战，因作战有功而受到皇封；抗倭名将俞大猷也曾带少林武僧征战沙场；明朝正德年间，边患严重，武宗曾亲调少林武僧镇守边关；少林寺的另一位武术大师三奇和尚也曾带僧兵一千余人，转战于陕西、山西等地，后来云南少数贵族上层人物兴兵作乱，明王朝命令三奇和尚统兵征讨云南。此外，少林武僧也曾多次参与镇压农民起义军的战争。如元朝对红巾军的作战，明朝对师尚诏的作战，明末对李自成、李际遇的作战等。

近代，少林武僧也曾不断参与战争。民国初年，少林寺武僧恒林，因武功高强被推举为少林地区的保卫团团总，他曾率僧兵与土匪进行大小十多次战斗。少林武术大师妙兴曾多次率少林僧兵参战，后任吴佩孚部下团长。抗日战争时期，少林武僧还参加了对日军的作战。人民解放军许世友和钱钧两位将军，利用在少林寺学到的武功，在历次战斗中都立下了赫赫战功。纵观历史上少林武术在军事上的应用，可知其在作战中发挥了重要的作用。

二、少林武术与佛教

佛教产生于古印度，汉代时传入中国。印度高僧跋陀传授小乘禅学，达摩传授大乘禅学，认为：生即是苦，通过修行才能通往极乐世界。这种不修今生修来世，缺乏忠孝思想的教义，与中国传统思想相违背，因而未能融合扎根、流传。至唐初慧能对达摩禅法进行改革，提出“即心是佛”“见性成佛”，形成了“行住坐卧、道法流通”，只要把禅意融入日常生活中，随缘任往，心注一境，就能修心见性，顿悟成佛，甚至“放下屠刀”就可“立地成佛”。其修炼方法以佛教戒、定、慧为本，兼融儒、道，形成了具有中国特色的佛教禅宗。由于禅宗教义符合中华民族的自尊心理和传统文化习惯，逐步渗入社会各界，也渗入了少林武术。可以说，少林武术

在禅宗的影响下，成为禅武合一的独特体系，这种体系的形成是在参悟禅宗的前提下逐步形成的，并不断得到了完善。少林寺著名武僧妙兴等所述的有关拳理,很清晰地指出了禅宗对少林武术的影响。

一是练习少林武术者须忍辱戒妄，防止用武不慎，造成危害。忍辱戒妄是佛教修持的基本内容。达摩“二入四行”禅法中“行入”的核心，就是“忍让”。“四行”包括报冤行、随缘行、无所求行和称法行。禅法对现实遭遇不计较得失的态度，受到少林禅武传习者的重视。妙兴说：“遇到一切外魔、挫折、嘲讽和污辱，都能坦然处之，无动于心。”（见《新编少林寺志》）《少林拳谱》要求习拳者要不计较欺凌、唾骂、污斥，不角逐纷争，要求戒欺诳、偷盗、色欲和贪婪等。

二是少林拳入门基本功是站骑马桩。此法既是一种增强腿力、加固下盘稳定性的外功训练手段，也是一种养气平心的内功练习手段。其练习要求多与禅定修持法相通。例如，站骑马桩时，要求集中思想，默想静思姿势要领、肌肉感觉，或者以意念支配气息的运行，做到“无我无他”（妙兴语），“听气下沉、沉心寂虑”。这与专注一境、练心如墙壁，达到禅定的“壁观”修行法基本一致。又如，站骑马桩时，要求“每次必站百字，即站时默数一至百之度数”，以排除杂念、专心练功。这与为纠正心思散乱，达到禅定的“禅数”修行法相似。

三是少林拳练胆之法吸收有禅宗解脱法。欲以拳技防身擒敌，须有一定胆量，无恐惧心。少林拳家认为胆之大，莫过于看破生死。不计生死，便能运技自如。妙兴说：“明晚生死……功深之人，能以静制动。”禅宗的解脱是通过禅定体会“本无”，摆脱世俗烦恼的束缚，使思想认识契合教义，从而将自身解脱为无拘无束的自由人。拳技中采用静悟来看破生死，大概与此有关。

四是少林拳以“拳禅一体”为特点，是佛教文化渗入少林武术的集中表现。禅宗自慧能后，扩大了禅定的观念，不再限于静坐壁观的修炼形式。不论采用什么形式，只要“修心见性”，就能“顿悟成佛”。这种理论与武术的意境很相近。因此，禅法与拳法的结合，较禅法与农活或其他生活活动的结合要容易。禅法与拳法结合后，出现了上述以禅理解说拳理、整理拳技的特点。

三、少林武术与中医

中医是指以中国汉族创造的以保健延年和治病疗伤为主的医学。少林武术防身制敌、健身、搏杀的特性，促进了中医在少林寺的应用和发展。同时，中医在少林武术中的运用，保证了少林武术的健康发展。少林寺僧众在演练少林武术和使用各种器械进行战斗搏杀中，难免伤筋动骨、流血牺牲，为及时治疗跌伤、战伤，他们更加注重中医研究，以便自救和救人。少林寺僧医德禅《少林寺伤科秘方》序云：“寺僧从战迎敌，战必有伤之，必然启僧自医，故出僧医也。僧医以自创自救为本……秘不外传。”少林寺除用中医疗伤治病外，还有自己的独特疗法，如点穴治疗法、推拿按摩疗法、经络穴位疗法、健身气功自疗法等。

少林武术的健身功法和健身拳法在中华武术与气功中有着重要地位。它主要以攻防的动作为基本素材，只是运动结构、编排、练法与技击拳法不同。同时，少林拳也不再以技击效应为目的，而是以对习练者自身的影响为根本，追求强健体魄、延年益寿、祛病消伤。少林寺内传的“八段锦”“易筋经”既有导引治疗的理论，又有武术基本动作素材，既能强健体魄，又能为提高武术技能服务，成为古今武术气功健身功法的代表，世代流传。

少林中医中的佐功药，分为内服和外用两种。内服药以强筋壮骨为主，具有激发机能活力，防止练功过度导致疲劳的作用；外用药以舒筋活络、消肿止痛为主，具有活络软坚、防止皮肉老化僵死的作用。在实践运用中，内服药逐步形成了方剂，外用药则从跌打外伤的汤剂和酒剂中筛选出了验方。

总之，从少林武术医疗发展的角度来看，其具有自我发展的医学成分，更多的则是移植和借鉴了中医的医学成分。不仅中医技能在少林武术中得到了应用和发展，同时，少林僧人也以此来救世济苦。少林武术自身的中医医疗体系也成为少林文化中的一个重要组成部分。

四、少林武术的价值

少林武术有着重要的社会价值，主要表现在以下四个方面。

1. 壮内强外的健身价值

练习少林武术强调内外兼修，形神兼备。少林武术谚语云“内练精气神，外练手眼身”“外练筋骨皮，内练一口气”等，认为“练有形（外）者，为无形（内）之作；培无形者，为有形之辅”。如此内外俱练，以求内壮外强，获得身心的全面发展，对人体外部形态和内部器官都有良好的影响。

少林武术对人体器官机能的影响是广泛的。经常习武之人，不仅能提高自身肌肉的力量、伸展性和关节运动的幅度，还能提高骨

骼抗折、抗弯、抗压缩、抗扭的能力，扩大肺活量，有益于增强呼吸系统、心血管系统的机能，改善神经系统的机能。

一千多年的实践证明，习练少林武术对身体有着诸多方面的良好影响。儿童、少年和青年人习练少林武术，能促进生长发育，形成健美体格；老年人习练少林武术（功法），能延缓器官的衰老，延年益寿。

2. 自卫、防身的攻防价值

“自卫”是习练少林武术的主要目的，攻防技艺是少林武术处于特殊历史背景条件下的必然选择。随着对格斗经验的不断总结，少林武术提高了个体和整体的搏杀防卫能力，其攻防价值显得尤为重要。少林寺在封建社会经常作为团体的作战单位被调派参加各种战斗，对提高少林武术的攻防价值起到了重要作用。同时，少林寺作为皇家寺院，富足的财物吸引了一些闲杂人等入寺抢夺，少林武术也就起到了防身护院的作用。

3. 技击美与技艺美相融合的审美价值

少林武术套路繁多、内容丰富，可以满足人们的审美需要。这种审美价值，产生了技击美和技艺美相融合的少林武术美。

少林武术的每招每式都包含着攻守进退、打防结合的技击内涵，在几百套拳、械、对练中充分展现出少林武术的技击美。明万历四十三年（1615年），文翔凤在其《嵩游记》中写道：“归观六十僧，以掌搏者、剑者、鞭者、戟者……”清代的洪亮吉《登封县志》载明末部如城“习拳棒于少林寺僧，尤娴大刀”。明天启五年（1625年），河南巡抚程绍在《少林观武》诗中写道：“暂憩招提试武僧，金戈铁棒技层层。”明万历时礼部侍郎公鼎的《少林观僧比武歌》

中云："复有戈剑光陆离，挥霍撞击纷飙驰。"以上这些，足以说明少林武术的技击美。

少林武术的技艺美，在于充分发挥了人体运动的能力，审美价值得到了充分发挥和利用，不再是仅着眼于格杀的纯军事技术。少林武术，其基本目的是供僧人坐禅后活动肢体。明代，少林武术还以表演形式接待香客和游人。明王士性《嵩游记》中述寺僧表演时"拳棍搏击如飞"，"中有为猴击者，盘旋跳踔，宛然一猴也"。人们观赏少林武术，从形神兼备、以形传神、形式多样、项目繁多的演练中，感受到少林武术的神韵美；从立身中正、三尖对照、六合相应、朴实无华的姿势中，感受到少林武术的和谐美、古朴美；从动静分明、刚柔相济、曲直有度的技法中，感受到少林武术的对比美；从"报效祖国""舍己救人""点到为止"的教义中，感受到少林武术的武德美。从甲午战争前的纯军事作用到现在形成竞技健身、娱乐、表演于一身的民族文化，少林武术的技艺美加深了人们对少林武术的认识，诱发和提高了人们的审美情趣，激发了人们积极向上的斗志，从而起到陶冶情操的作用。

4. 培育民族精神的教育价值

少林武术始终注重武德、武风的教育和培养。这种教育模式，一直在少林禅武合一的理念中延续，是参禅习武的基本方法，培育习武者养成尚武崇德的精神。这种精神也是武者道德的体现，德以武彰、武以德显，充分体现了少林武术禅武文化的内涵。

在一千多年的历史发展过程中，少林寺一直传承着自强不息的民族精神。少林僧众在坚持不懈的锻炼中，养成了坚韧不拔、勇往直前的信念和意志。"打山门"的寺规更加增强了习练少林武术者不屈服于恶劣环境和强大对手的意志力，培养了其见恶不畏、见强不屈、勇于拼搏、夺取胜利的精神和永不言败的斗志。明代小山和尚、月空和尚带领少林僧众参加抗倭战争，谱写了少林历史上可歌可泣的篇章，延续着中华民族的爱国主义精神。

崇德能培养厚德载物的气度。在少林武术的练习中，强调禅意和武德的互参，也强调“无德者不如无武”。要求习练者必须达到“四德俱全”，四德即心德、口德、手德、公德。心德：意识崇高，思想纯正，与人为善，诚实守信。口德：谦虚谨慎，不说狂话，不讲脏话，不说损害他人的话。手德：不以武欺人或出手伤人，不以强凌弱，不损害和损坏他人的财物，不做不利他人的事。公德：遵守寺规、戒约，遵守社会道德规范，不做扰乱社会治安的事。这些尚武崇德的修养，形成了依附于中华民族传统道德观的少林禅武文化。

刚柔相济	节奏明快	声东击西
快慢相间	气势迅猛	左右相顾

少林阴手棍是少林棍术中最具代表性的棍术之一，以两手虎口相对，俯掌握棍而名。阴手棍以扫、劈、架、摔、点、挑为主，动作刚柔相济，快慢相间，节奏明快，气势迅猛，声东击西，左右相顾。

第四章
少林阴手棍动作教学

一、少林阴手棍歌诀

棍讲阴手棍，虎口相对分。练棍必遵法，不能瞎胡抡。

挑打与劈揭，全凭身膀劲。发劲收丹田，抖膀显精神。

进扎如钉钉，退步似风云。棍出挑点扫，截劈把着劲。

棍法两头用，倒把头上扪。滑把冲前后，棍挡左右分。

上打用挑拨，下打劈扫抡。为了避刀箭，舞花顾己身。

练棍靠臂力，上气往下沉。一要调换气，二要棍随身。

三要气催棍，四要稳准狠。瞧准要害处，一棍定乾坤。

二、少林阴手棍动作名称

预备势

1. 童子拜佛单立掌

2. 罗王抱棍马步桩

3. 金鸡独立应门棍

4. 弓步背棍似猴王

5. 上步挑裆用截劲

6. 上步挑棍牛抵裆

7. 弓步盖打雷击顶

8. 仆步摔棍地蛇亡

9. 回头拉棍倒拖戟

10. 虚步推棍身前立

11. 崩膝弹踢棍上扬

12. 转身右挡马棍
13. 转身左挡马棍
14. 跪步提鞋是假势
15. 藏棍后蹬诱敌伤
16. 上步挑打封喉眼
17. 回头拉棍倒拖戟
18. 老僧归山步法忙
19. 翻身击打云盖顶
20. 饿虎拦路人受伤（一）
21. 饿虎拦路人受伤（二）
22. 倒把盖打劈山势
23. 青蛇戏膝人惊慌
24. 仙人指路棍法奇
25. 黄龙缠棍步步慌
26. 白蛇吐信人害怕
27. 马步截打紧护裆
28. 左右扫棍狂风起
29. 舞花偷步击印堂
30. 转身独立斜劈打
31. 弹踢挑棍直击裆
32. 拨棍震脚坐山势
33. 收棍调息气顺畅
收势

三、少林阴手棍动作图解

预备势

图 1

两脚并步站立，左手自然下垂，右手持棍竖立于身体右侧，头正直。目视前方。

要点：头端面正，挺胸收腹。

图 1

1. 童子拜佛单立掌

图 2—图 4

左脚向左落步，与肩同宽。同时，左手向左、向上挑掌至头顶上方后向下立掌于胸前。目视前方。

要点：开步自然，立掌高不过口。

图 2

图 3

图 4

2. 罗王抱棍马步桩

图5、图6

右脚抬起，内侧踢棍把，棍在体前逆时针抡一周，右脚随即向右落地成马步。右手抱棍呈水平方向置于体前，左手下按于右手握棍处右方。目视右下方。

要点：踢棍力道精准，右手花立圆。

图5

图6

3. 金鸡独立应门棍

图 7

图 7

右腿挺立，左腿提起。同时，左掌立掌向前推出。目视前方。

要点：提膝要迅速，独立要稳，推掌要有力。

4. 弓步背棍似猴王

图 8　图 9

图 8—图 13

左脚落地，右脚随即向前震脚，左脚向前落步成左弓步。同时，左掌拍打棍身，使棍梢向后下、向后、向上立圆一周，背于右背后；左掌向前推出。目视前方。

要点：棍花立圆贴身，震脚要狠，推掌要发力，身棍要配合一致。

图 10

图 11

图 12

图 13

5. 上步挑裆用截劲

图 14—图 17

身体左转 180°，右脚随体转向右上步成马步。同时，左手向右腋下接棍，使棍把向右下、向前、向上随上步继续向下、向前立圆上挑，棍把高与肩平。目视棍把。

要点：两手虎口相对握棍，上步要沉稳，棍要贴身，挑把抖肩发力，力达棍把。

图 14

图 15

图 16

图 17

6. 上步挑棍牛抵裆

图18

图19

图20

图18—图20

身体右转180°，左脚向左上步成马步。同时，两手滑握棍，棍梢随上步向左上挑击，棍梢高与肩平。目视棍梢。

要点：两手虎口相对握棍，上步要沉稳，棍要贴身，挑把抖肩发力，力达棍把。

7. 弓步盖打雷击顶

图21、图22

身体左转90°成左弓步。同时，左手滑握棍梢，右手滑握棍中段，棍把向上、向前盖把。目视棍身。

要点：转身要拧，滑把要顺畅，盖把要狠。

图21

图22

8. 仆步摔棍地蛇亡

图 23—图 26

右脚上步，与左脚并齐，左手向右手滑握，棍梢由左到右立圆舞花一周。随后，两脚蹬地，身体腾空跃起，先右后左依次落地成左仆步。蹬地跃起的同时，两手握棍，高举头顶，随落步向地面用力摔棍。目视棍身。

要点：舞花立圆，腾空要高，摔棍要狠，身棍要配合一致。

图 23

图 24

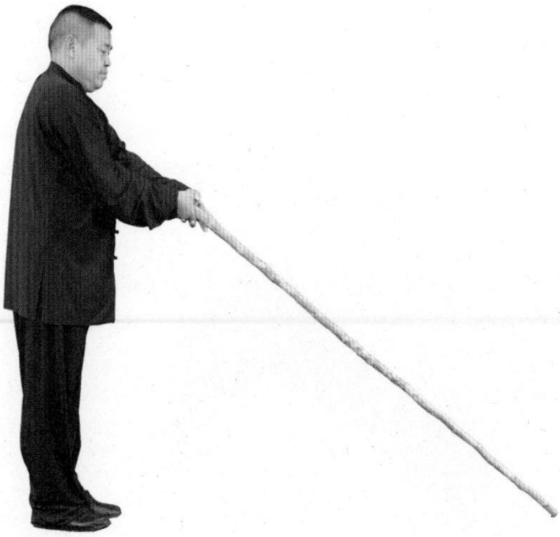

图 25

图 26

9. 回头拉棍倒拖戟

第一段示范

图 27

图 28

图 27、图 28

上身向右拧转成右弓步。同时，两手握棍，棍梢贴于左腿外侧，右臂屈肘贴于胸前。目视左后方。

要点：身体要裹，棍紧贴身体，和身体呈平行。

10. 虚步推棍身前立

图 29、图 30

身体右转90°，左脚向前上步成左虚步。同时，两手握棍，棍把向上、向右后、向下立于体右侧后，两手同时前推。目视前方。

图 29

图 30

图31、图32

右脚向前上步成右虚步。同时，两手握棍，使棍梢向上、向左后、向下立于体左侧后，两手同时前推。目视前方。

要点：动作节奏分明，步法干脆，棍法清楚，立圆贴身。

图31

图32

11. 崩膝弹踢棍上扬

图33

右脚向前弹踢。同时，右手滑握至棍把，收于腰间；左手握棍，棍梢向上挑击，高与肩平。目视前方。

要点：弹踢要迅猛，挑棍时两手反向力量要用好，使挑棍短促有力。

图 33

12. 转身右挡马棍

图34—图38

右脚向前落步，左脚随即向前上步，身体右转180°。同时，双手握棍，使棍梢随体转向上、向右下、向右后立圆舞花后，将棍夹于右腋下。

图 34

图 35

图 36

图 37

图 38

图 39

图 39

身体继续右转 90°，左脚向右后方落步成右弓步。两手握棍，使棍把向右横击，高与肩平。目视棍把。

要点：步法和棍法要密切配合，方法要清楚，动作要流畅，横击棍要有力。

13. 转身左挡马棍

图 40

图 40—图 43

身体左转 180°成左弓步。同时，两手握棍，棍身在头顶呈水平方向，逆时针云舞一周后向左横击，高与肩平。目视前方。

要点：步法和棍法要密切配合，方法要清楚，动作要流畅，横击棍要有力。

图 41

图 42

图 43

14. 跪步提鞋是假势

图44—图49

身体右转约120°。双手握棍，使棍梢向左下、左后、左上提撩至头顶，随体转继续向前、向下、向右后在身体右侧立圆舞花一周，背于右肩后，棍把垂直拄地。同时，右脚向前上步，屈膝下蹲，左腿半跪成跪步。左手变掌，虎口压于左脚跟处。目视左后方。

要点：提撩和右侧舞花棍要立圆顺身，跪步不要太大。

图44

图45

图46

图47

图 48

图 49

15. 藏棍后蹬诱敌伤

图50、图51

右脚震地后挺立，左脚抬起，向左后方踹击。同时，左手掌沿左腿上侧推出。目视左上方。

要点：震脚要脆狠，踹腿要快速，力点要准确。

图50

图51

16. 上步挑打封喉眼

图 52

图 53

图 54

图 55

图 52—图 55

身体右转90°，左脚向前落步，右脚随即向前上步成右弓步。同时，左手于右腋接握棍，棍把由后随上步向上挑击，两手握棍架起，棍把高与头平。目视棍把。

要点：上步和挑把同时完成，滑把要顺，挑把振臂发力，力达棍梢。

17. 回头拉棍倒拖戟

第二段示范

图56、图57

上身向左拧转成左弓步。同时，两手握棍，棍把贴于右腿外侧，左臂屈肘贴于胸前。目视右后方。

要点：身体要裹，棍紧贴身体，和身体呈平行。

图56

图57

18. 老僧归山步法忙

图 58、图 59

上身和两手握棍不变。右脚脚掌扒地后撩上步，左脚脚掌扒地后撩上步。目视右后方。

要点：扒地后撩要有力，步法要连贯。

图 58

图 59

19. 翻身击打云盖顶

图 60—图 62

左脚向前落步蹬地，身体腾空左转 270°，两脚同时落地成马步。同时，两手握棍，随身体腾空举于头顶，随落地劈把。目视棍把。

要点：腾空要高，空中转身掌握平衡，落地要稳，劈棍要有力，身棍要协调。

图 60

图 61

图 62

20. 饿虎拦路人受伤（一）

图 63

图 64

图 65

图 63—图 65

右脚向右跨一步，身体右转90°成横裆右弓步。同时，右手滑握棍把，左手握棍随身体向前、向右横击，棍梢高与肩平。目视前方。

要点：跨步要沉稳，横击棍要拧腰发力。

21. 饿虎拦路人受伤（二）

图66、图67

身体左转90°成横裆左弓步。同时，左手滑握棍梢端，右手握棍随身体向前、向左横击，棍把高与肩平。目视前方。

要点：转身拧胯，横击棍抖肩发力。

图66

图67

22. 倒把盖打劈山势

图 68

图 69

图 70

图 68—图 70

身体右转 180°成右弓步。同时，两手握棍，棍把随休转提膝下挂后向右后、向上，随落步下盖。目视棍身。

要点：提膝挂把、落步盖把要协调配合，攻防明显。

23. 青蛇戏膝人惊慌

图 71、图 72

身体左转 90°成左弓步。同时，两手握棍，上身前俯，棍梢向地面戳穿。目视棍梢。

要点：动作顺畅自然。

图 71

图 72

24. 仙人指路棍法奇

第三段示范

图 73

图 74

图 75

图 73—图 75

身体右转 90°，右腿挺立，左腿屈膝提起。同时，右手握把回拉，棍身呈水平方向上举于头顶上方；左手变剑指，向左直腕指出，高与肩平。目视左方。

要点：提膝要稳，举棍和剑指要同时到位。

25. 黄龙缠棍步步慌

图76—图80

左脚落步蹬地，身体腾空前跃成盖跳步，两脚先右后左依次落步成左弓步。同时，左手滑握把端，右手阳手接握棍身，随腾空跳步拦拿扎棍。棍身和两臂成一线，高与肩平。目视前方。

要点：盖跳步要高、要远，落步要稳，拦、拿棍幅度要大，扎棍要准。

图 76

图 77

图 78

图 79

图 80

26. 白蛇吐信人害怕

图 81

图 81—图 83

身体右转 90°，右脚向左脚丁靠成右丁步。同时，左手滑握棍梢，向左推棍，右手握棍身，使棍随体转向右戳把，棍高与肩平。目视右前方。

要点：丁步要稳，戳把要两手配合，力达把尖。

图 82

图 83

27. 马步截打紧护裆

图 84

图 85

图 86

图 87

图 84—图 87

身体右转 180°，左脚向右上步成马步。同时，两手握棍，棍梢向左前下劈击。目视棍梢。

要点：劈点棍要灵活有力。

28. 左右扫棍狂风起

图88—图91

双脚蹬地跳起，身体左转180°成跨马步。同时，两手握棍换把，棍梢在头顶水平方向逆时针云转一周后，触地左扫。目视棍梢。

图88

图89

图90

图91

图 92—图 94

双脚蹬地跳起，身体右转 180°成跨马步。同时，两手握棍换把，棍梢在头顶顺时针云转一周后，触地右扫。目视棍梢。

要点：跳步和头顶换把云棍要同时，扫棍振臂发力。

图 92

图 93

图 94

29. 舞花偷步击印堂

图95—图98

两腿挺立，右脚向前上步，左脚随即后插，身体左转180°。同时，两手换把，棍梢在体前顺时针立圆一周后点地。目视棍梢。

要点：插步转身和换把要协调一致。

图95

图96

图97

图98

30. 转身独立斜劈打

图 99

图 100

图 101

图 102

图 99—图 102

身体左转 90°，右腿挺立，左腿提膝。同时，两手握把，经右肩上方向左下斜劈，棍梢朝下，两手放于左膝外侧。目视前方。

要点：提膝要快、稳，斜劈棍两手要配合，拧腰有力。

31. 弹踢挑棍直击裆

图103—图108

左脚落地半蹲，右脚随即向前弹踢。同时，两手握棍，左手握把，棍梢向上、向后贴于右腿外侧随弹踢上挑，左手握把放于腰间，棍梢高与肩平。目视前方。

要点：弹腿要迅速，挑棍要有力，力达棍梢。

图103

图104

图105

图106

图 107

图 108

32. 拨棍震脚坐山势

图109—图112

右脚向左脚处震落，身体右转90°，左脚随即向左落步成马步。同时，两手握棍，使棍梢由下向后拨棍随马步上举，左手握棍把置于左肋处，右手握棍上举，同时发声『威』。目视左前方。

要点：震脚有力，发声洪亮，举棍干脆，摆头迅速。

图109

图110

图111

图112

33. 收棍调息气顺畅

图 113

图 114

图 115

图 113—图 115

左脚向右脚并立。同时，左手脱棍，向左推掌后变拳抱于腰间；右手持棍，棍把着地，竖立于右脚外侧。目视前方。

要点：挺胸收腹，头端面正。

收势

第四段示范

图 116

图 116

右手持棍，左拳变掌，自然下垂于体侧。目视前方。

要点：气定神闲，体态自然。

武